SARAH HARRISON

My Sweet Bakery

Meine schönsten Kuchen
und Torten für jeden Anlass

#FOODIE

INHALT

Backwissen 6

Beste Freunde 8
Von Rührteig bis Ganache 10
Mit Alternativen backen 12
Clevere Techniken 14
Torten perfekt schichten 16
Torte mit Fondant eindecken 18
Einfache SOS-Hacks 22
Torten verzieren wie ein Profi 23
12 Tricks aus meiner Küche 30

Rezepte 32

Klassiker neu aufgelegt 35
Kuchen & Torten für besondere Anlässe 67
Süße Kleinigkeiten 113
Healthy Baking 147

Rezeptregister 178
Impressum 182
Bildnachweis 182

Hallo, Ihr Lieben!

Früher dachte ich, ich kann nicht backen. Doch durch eine Fernsehshow durfte ich innerhalb kürzester Zeit lernen, wie ich meine Familie mit leckeren Torten und Gebäck glücklich machen kann. Inzwischen traue ich mich selbst an anspruchsvolle Rezepte wie die »Fault Line«-Zitronentorte oder eine Puppentorte. Meine Erfahrung und Rezepte mit euch zu teilen, ist für mich ein Herzenswunsch gewesen. Denn ich weiß: Ihr könnt das auch!

Ich mag es süß, fruchtig und saftig. Und ich liebe Käsekuchen in allen Variationen. Aber meine Kuchen und Torten müssen nicht nur unverschämt lecker schmecken, sondern sollen auch ein absoluter Hingucker sein. Als Deko-Fan plane ich daher viel Zeit für die Optik meiner süßen Kunstwerke ein. Es ist doch wunderschön der Familie und Freunden ein Geschenk zu machen, das zum einen selbst gemacht und zum anderen ein echter Eyecatcher ist.

Backen macht einfach Spaß. Ihr müsst nur wissen, welche Zutaten gut schmecken und worauf es bei der Zubereitung und der Verzierung ankommt. Von meinem ersten Bananenbrot bis zum Gewinn der SAT.1-Show »Das große Promibacken« waren es nur wenige Monate. Geholfen haben mir die richtigen Tools, Struktur, ein gutes Zeitmanagement und leichte Praxistipps. Deshalb findet ihr im ersten Teil dieses Buches die wichtigsten Infos rund ums Backen kompakt zusammengefasst.

Bei meinen Rezepten setze ich auf frische und neue Ideen, wie etwa Piñata-Kuchen oder Cakesicles. Euch erwarten neben Klassikern mit einem modernen Touch auch echte Hingucker für besondere Anlässe. Meine süßen Kleinigkeiten wie Käsekuchen am Stiel machen jede Kaffeetafel zu einem Fotomotiv.

Und ja, auch gesund backen kann köstlich sein. Wie wäre es mit meinem Avocado-Limetten-Cheesecake oder einer Carrot Cake Bowl?

Übrigens: Meine Motivation für dieses Backbuch war, meinen Kindern etwas weiterzugeben und in Zukunft mit ihnen daraus backen zu können. Und natürlich möchte ich meine neue Liebe und Leidenschaft zum Backen mit euch teilen: Meine cleversten Backtricks und meine besten Rezepte findet ihr daher in diesem Buch.

Jetzt seid ihr dran! Was ist eure Motivation?

Alles Liebe, Sarah

LUST ZU BACKEN? DANN LEGEN WIR LOS!

Doch damit eure leckeren Köstlichkeiten auch gelingen, braucht es neben etwas Übung die richtige Technik und das entsprechende Backzubehör. Ich erkläre euch im Detail, wie eine Torte perfekt mit Fondant eingedeckt wird, wie ihr eingefallene Tortenböden retten könnt und welche kleinen Tricks mir in der Küche helfen.

Beste Freunde

Die richtigen Küchenhelfer und Backwerkzeuge sorgen für mehr Spaß und Kreativität beim Backen. Für Hobbybäcker reicht eine Grundausstattung. Doch wer sich an aufwendige Torten wagen möchte, kann von speziellem Zubehör profitieren.

DIE BASICS: DAS BRAUCHT IHR

- Rührschüsseln — in versch. Größen zum Anrühren von Teigen und Cremes
- Messbecher — zum Abmessen von allen flüssigen Zutaten
- Küchenwaage — zum Abwiegen der Zutaten
- Schneebesen — zum Vermischen oder Aufschlagen
- Handrührgerät — mit Quirlen und Knethaken
- Feinsieb — zum Sieben von Mehl, Backpulver und Puderzucker
- Teigschaber — zum Unterheben oder Auskratzen von Schüsseln
- Backpinsel — zum Einfetten oder Glasieren
- Reibe bzw. Zestenreißer — für Zitronenabrieb oder Deko-Zesten
- Backpapier — zum Auslegen der Form
- Papierbackförmchen — für das Muffinblech
- Teigrolle — zum Ausrollen von Teigböden
- Ausstechformen — nicht nur für Plätzchen
- Spritzbeutel — mit versch. Tüllen für Füllungen und Deko
- Kuchengitter — zum Auskühlen von Gebäck
- Tortenplatte — zum Anrichten und Servieren

PROFI-TOOLS: FÜR PERFEKTES BACKWERK

- Küchenmaschine — spart Muskelkraft
- Teigkarte — zum Abziehen und Glätten
- Winkelpalette bzw. Streichpalette — zum Verstreichen und Glätten
- Kuchenheber bzw. Tortenretter — zum Anheben von Tortenböden
- Tortenring, verstellbar — zum perfekten Schichten von Torten
- Konditormesser — zum Teilen von Tortenböden
- Modellierwerkzeug — für Fondant-Deko und Verzierungen
- Fondantglätter & Winkelglätter — zum perfekten Eindecken
- Langer Teigroller aus Edelstahl — für glatte Oberflächen
- Silikon-Backmatte — wiederverwendbar und umweltfreundlich
- Drehbare Tortenplatte — zum gleichmäßigen Schneiden und Auftragen
- Ausrollstab — zum Ausrollen von Fondant

BACKFORMEN: DIE GRUNDAUSSTATTUNG

- Backblech mit erhöhtem Rand
- Springformen in verschiedenen Größen
- Quadratische Backformen
- Kastenform 25–30 cm lang
- Gugelhupfform
- Muffinblech

TIPP: Für manche Rezepte sind Formen in Spezialgröße angegeben. Ihr könnt aber genauso gut auf eine vorhandene Backform ausweichen oder zum Beispiel eine Auflaufform verwenden. Achtet nur darauf, dass sich eventuell die Backzeit verändert und der Boden dünner bzw. dicker wird.

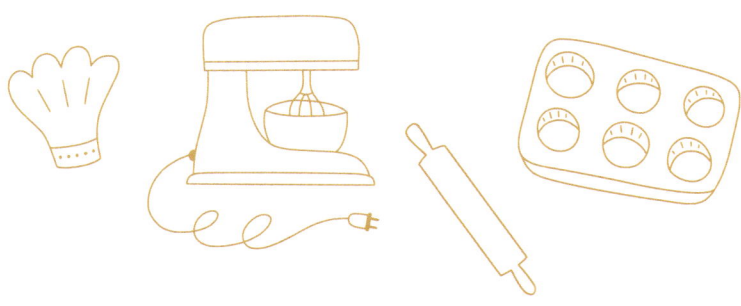

Von Rührteig bis Ganache: Was ist was?

Je nach Rezept braucht es einen anderen Teig, der sich für meine Ideen eignet. Mein kleiner Überblick fasst die gängigsten Teige zusammen. Und womit wird gefüllt? Grundsätzlich gibt es drei verschiedene Cremes für Torten: Buttercreme, Sahnecreme und Ganache. Diese lassen sich ganz nach Belieben verfeinern.

RÜHRTEIG

Die Klassiker unter den Rührteigkuchen sind Marmor- und Zitronenkuchen. Ein Rührteig ist unkompliziert in der Zubereitung, lässt sich toll variieren und gelingt auch ohne viel Backerfahrung. Weiche Butter (oder Margarine) wird schaumig gerührt, Zucker und Aromen hinzugegeben, dann die Eier und zuletzt das Mehl mit Backpulver untergerührt — in manchen Rezepten abwechselnd mit Milch. Damit ein Rührteig locker und saftig wird, müssen alle Zutaten Zimmertemperatur haben. Er sollte auf mittlerer Stufe gerührt und die Eier einzeln hinzugegeben werden. Übrigens: Bei einem All-in-Teig werden alle Zutaten zusammen in eine Schüssel gegeben und mit dem Mixer etwa zwei Minuten verrührt.

MÜRBETEIG

Mürbeteig kennt jeder als knusprige Weihnachtsplätzchen, er eignet sich jedoch auch für Obstkuchen, Käsekuchen und Tartes. Er wird auch 3-2-1-Teig genannt, weil die Zutaten Mehl, Butter und Zucker meist in diesem Verhältnis verwendet werden. Damit Mürbeteig optimal gelingt, sollte das Fett noch kalt sein. Zunächst kommen die trockenen Zutaten, dann erst das Fett in die Schüssel, bevor sie zügig zu einem festen Teig verarbeitet werden.

TIPP: Den Teig am besten zu einem flachen Päckchen formen, in Frischhaltefolie wickeln und für etwa 30 Minuten in den Kühlschrank legen. Dann lässt er sich gut ausrollen, und zwar am besten auf einer leicht bemehlten Arbeitsfläche.

HEFETEIG

Ein Teig mit Hefe eignet sich für Obstkuchen, einen Hefezopf zu Ostern oder auch für Zimtschnecken. Ein Hefeteig ist in der Zubereitung etwas aufwendiger. Viele schrecken vor den Ruhezeiten zurück und der Befürchtung, der Teig könne nicht aufgehen. Doch mit warmen Händen, einer Küche ohne Durchzug und genügend Zeit und Liebe gelingt euch Hefeteig ganz sicher. Im Handel gibt es Trockenbackhefe und frische Hefewürfel aus dem Kühlregal. Beide haben die gleiche Wirkung, Trockenhefe lässt sich jedoch länger lagern. Die Grundzutaten für Hefeteig sind Mehl (Typ 405 oder 550), Wasser, Hefe und Salz. Oft werden noch Milch, Butter oder Margarine, Zucker und Eier hinzugefügt.

BISKUITTEIG

Er ist der Klassiker für Tortenböden und gelingt eigentlich immer. Ein Biskuitteig braucht nur wenige Zutaten und ist schnell zubereitet: Eier werden mit Zucker cremig aufgeschlagen und das Mehl mit etwas Backpulver nur ganz kurz untergehoben, damit der Teig schön luftig bleibt. Ein saftiger Wiener Boden ist ebenfalls ein Biskuit, der etwas Butter oder Margarine enthält. Übrigens: Für einen Biskuitboden wird die Springform nicht gefettet, sondern nur der Boden mit Backpapier ausgelegt. Ober- und Unterhitze ist zum Backen besser geeignet als Umluft, da der Biskuit zu stark austrocknet.

BLÄTTERTEIG

Ein Blätterteig ist ein geschichteter, fettreicher Teig, der ohne Zucker hergestellt wird. Er besteht lediglich aus Mehl, Fett, etwas Salz und Wasser. Da es Blätterteig im Handel bereits fertig zu kaufen gibt, wagen sich die wenigsten an die Zubereitung, die auch recht aufwendig ist. Der Teig muss immer wieder ausgerollt und gekühlt werden, damit er locker und blättrig wird. Blätterteig geht nicht auf, wenn die Schichten am Rand verklebt sind. Daher sollte er immer mit einem scharfen Messer geschnitten werden. Auch zu feuchter Belag kann verhindern, dass der Blätterteig optimal aufgeht.

TIPP: Vor dem Backen 15 bis 20 Minuten ruhen lassen. So entspannt sich der Teig und hält beim Backen seine Form.

BUTTERCREME

Es gibt verschiedene Arten von Buttercreme. Die klassische Buttercreme wird aus Pudding und Butter zubereitet. Das Wichtigste ist hierbei, dass sowohl Pudding als auch Butter Zimmertemperatur haben. Die Creme lässt sich gut verarbeiten und ist damit ideal für jegliche Dekoration und als stabile Tortenfüllung. Für Fondant-Torten eignet sich diese Buttercreme nicht, da der Pudding viel Feuchtigkeit enthält, welche die Fondantdecke aufweicht. Im Vergleich dazu wird eine amerikanische Buttercreme aus Butter, Puderzucker und eventuell etwas Milch zubereitet. Ein Frosting dagegen ist eine elegante Abwechslung zur Buttercreme, die mit Frischkäse, Butter und Puderzucker zubereitet wird und ideal zum Dekorieren von Cupcakes ist. Ich persönlich mag diese am liebsten, da sie frischer und leichter schmeckt.

SAHNECREME

Eine Sahnecremefüllung wird aus den Grundzutaten Sahne, Puderzucker und Vanillezucker hergestellt. Sie kann auch mit Frischkäse, Mascarpone oder Quark abgewandelt werden. Sahnecremes sind nicht ganz so einfach aufzuspritzen und eignen sich daher am besten als Tortenfüllung. Auch hier gilt: Als Unterlage für Fondant ist Sahnecreme ungeeignet.

GANACHE

Eine Ganache ist aufgekochte Sahne, in der Kuvertüre geschmolzen wird. Je nach Menge der Kuvertüre erstarrt die Masse beim Abkühlen oder bleibt flüssig und kann dann aufgeschlagen werden. Die Ganache ist eine perfekte Grundlage für Fondant-Torten, da der Flüssigkeitsanteil gering ist und so der Fondant nicht durchweicht. Sie eignet sich jedoch auch als Füllung für Torten oder Pralinen oder kann für Cake-Pops verwendet werden.

Mit Alternativen backen

Ihr möchtet Weizenmehl oder Haushaltszucker ersetzen? Oder ihr sucht nach veganen Alternativen zu Kuhmilch, Butter und Gelatine? In meiner Tabelle findet ihr eine Übersicht, welche Zutat sich in Rezepten austauschen lässt. Aber beachtet: Alternative Backzutaten verhalten sich anders. Für einen Biskuit ohne Eier oder eine Buttercreme mit Margarine gibt es keine Geling- und Geschmacksgarantie. Manchmal soll es einfach yummy sein!

LEBENSMITTEL	ALTERNATIVE	vegan	glutenfrei	laktosefrei
HAUSHALTSZUCKER	Ahornsirup	✓	✓	✓
	Reissirup	✓	✓	✓
	Honig		✓	✓
	Kokosblütenzucker	✓	✓	✓
	Trockenfrüchte	✓	✓	✓
	Banane	✓	✓	✓
	Apfelmus	✓	✓	✓
	Lucuma	✓	✓	✓
	Stevia	✓	✓	✓
	Xylit (Birkenzucker)	✓	✓	✓
	Erythrit	✓	✓	✓
WEISSMEHL AUS WEIZEN	Kokosmehl	✓	✓	✓
	Mandelmehl	✓	✓	✓
	Sojamehl	✓	✓	✓
	Buchweizenmehl	✓	✓	✓
	Dinkelmehl	✓		✓
	Hafermehl	✓		✓
	Eiweißpulver	✓	✓	✓
	Süßlupinenmehl	✓	✓	✓
BACKPULVER	Weinsteinbackpulver		✓	✓
	Natron	✓	✓	✓
	kohlensäurehaltiges Wasser	✓	✓	✓
EI	Sojamehl	✓	✓	✓
	Johannisbrotkernmehl	✓	✓	✓
	Kichererbsenmehl	✓	✓	✓
	Essig mit Natron	✓	✓	✓
	Seidentofu	✓	✓	✓
	Leinsamen	✓	✓	✓
	Chiasamen	✓	✓	✓
	Apfelmus	✓	✓	✓
	Banane	✓	✓	✓
KUHMILCH	Mandeldrink	✓	✓	✓
	Sojadrink	✓		✓
	Cashewdrink	✓	✓	✓
	Kokosdrink	✓	✓	✓
	Reisdrink	✓	✓	✓
BUTTER	Quark		✓	
	pflanzliche Butteralternative	✓	✓	✓
	Nussmus	✓	✓	✓
	Avocado	✓	✓	✓
	Rapsöl	✓	✓	✓
	Kokosöl	✓	✓	✓
SCHOKOLADE ZUM BACKEN	Zartbitterschokolade			
	Kakaopulver (ungezuckert, schwach entölt)	✓	✓	✓
GELATINE	Agar-Agar	✓	✓	✓

Clevere Techniken

Neben den richtigen Zutaten und guten Rezepten kommt es beim Backen auf Technik an. Manchmal machen kleine Dinge einen großen Unterschied, das musste auch ich durch viel Übung und einige missglückte Backversuche lernen. Mit meinen cleveren Tipps und Tricks gelingen Kuchen und Torten jedem von euch.

SPRINGFORMEN VORBEREITEN

Ich spanne immer einen Bogen Backpapier in den Boden der Springform ein und schneide überschüssiges Papier mit einer Schere ab. Dann fette ich die gesamte Form noch einmal ein. Hierfür nutze ich ein Backspray, ihr könnt jedoch auch Butter oder Margarine verwenden.

WIE VERMEIDE ICH RISSE IM KUCHEN?

Es ist wichtig, den Kuchen nach dem Backen keinem Kälteschock auszusetzen, sondern ihn nach und nach auskühlen zu lassen. So bleibt die Oberseite gerade bei Käsekuchen schön glatt. Öffnet die Backofentür zunächst nur einen Spalt und lasst den Kuchen noch ca. 10 Minuten stehen, bevor ihr ihn herausholt. Auch sollte die Umgebungstemperatur nicht zu niedrig sein. Den Kuchen im Winter sofort zum Abkühlen auf den Balkon zu stellen, ist keine gute Idee. Der Kuchen zieht sich zusammen und es entstehen Risse.

WIE SCHNEIDE ICH TORTENBÖDEN?

Tortenböden sollten gut durchgekühlt sein, dann lassen sie sich besser schneiden. Damit die Schichten gleichmäßig dick werden, den Tortenboden am Rand zuerst mit dem Messer ringsherum etwa 1 cm tief einschneiden. Dann den Tortenboden mit der anderen Hand langsam drehen und dabei mit kurzen Sägebewegungen bis zur Mitte durchschneiden. Das Messer dabei waagerecht halten. Ein Trick ist, vorher rundherum Zahnstocher in den Boden zu stechen, um an ihnen entlang schneiden zu können.

TIPP: Ein extra langes Konditormesser, eine drehbare Tortenplatte oder ein einstellbarer Kuchenschneider, also ein Ring mit Schlitzen, sind hilfreiche Tools.

EIN WORT ZUR BACKZEIT

Die meisten Rezepte in meinem Buch werden bei Ober-/Unterhitze auf der mittleren Schiene gebacken. Im Gegensatz zu Umluft hat das den Vorteil, dass eure Kuchen saftiger bleiben. Wollt ihr auf mehreren Blechen gleichzeitig backen, empfiehlt sich allerdings Umluft (Temperatur um 20 °C niedriger einstellen als bei Ober-/Unterhitze). Übrigens: Die im Rezeptteil angegebenen Backzeiten sind Richtwerte. Jeder Backofen ist anders, daher solltet ihr immer rechtzeitig eine Garprobe machen. Dazu steckt ihr ein Holzstäbchen in die Mitte des Teigs. Bleibt kein flüssiger Teig mehr daran hängen, ist der Kuchen fertig.

WIE SCHMELZE UND TEMPERIERE ICH KUVERTÜRE?

Damit Kuvertüre oder Schokolade einen schönen Glanz bekommt, fest wird und beim Brechen schön knackt, sollte sie temperiert werden. Dafür zuerst die Kuvertüre grob hacken. Dann zwei Drittel der Kuvertüre in eine Metallschale geben und diese in einem Topf im Wasserbad bei schwacher Hitze unter Rühren schmelzen. Vorsicht: Es sollte kein Wasser in die Schokolade gelangen, sonst klumpt sie. Zur geschmolzenen Kuvertüre wird dann das übrige Drittel Kuvertüre ohne Wasserbad untergerührt. Dabei kühlt sich die Kuvertüre ab und hat dann die ideale Temperatur. Tipp: Das Wasserbad stehen lassen und bei Bedarf die Kuvertüre wieder etwas erwärmen, falls sie zum Verarbeiten zu kühl geworden ist.

WIE VERARBEITE ICH GELATINE RICHTIG?

Die Blattgelatine wird zunächst 5 Minuten in kaltem Wasser eingeweicht. Die Blätter sollten einzeln ins Wasser gegeben werden, damit sie nicht zusammenkleben. Die gequollene Blattgelatine ausdrücken und tropfnass in einem kleinen Topf bei schwacher Hitze unter Rühren auflösen. Dann wird sie mit etwa 4 EL der Creme oder der Füllung verrührt. Die Gelatine-Mischung mit einem Schneebesen unter die übrige zu gelierende Masse rühren und dann weiterverarbeiten. Wichtig: Die fertige Torte sollte für mehrere Stunden in den Kühlschrank, damit die Gelatine richtig fest wird.

TIPP: Als Faustregel könnt ihr euch merken, dass ½ l Flüssigkeit mit 6 Blatt oder 1 Päckchen gemahlener Gelatine sturzfest wird.

WIE LANGE BLEIBT MEINE TORTE FRISCH?

Sahne- und Cremetorten könnt ihr ein bis zwei Tage im Kühlschrank aufbewahren. Dazu die Torte am besten mit einer Tortenhaube abdecken. So trocknet sie nicht aus oder nimmt Gerüche von anderen Lebensmitteln an.

Torten perfekt schichten

Viele meiner Torten bestehen aus mehreren Schichten. Die Böden für solche Kunstwerke sollten mindestens 2 cm dick sein. Füllungen sollten ebenso hoch sein. Denn es gilt: Je höher die Füllungen, desto instabiler die Torte. Soll die Torte mit Fondant eingedeckt werden, sollte der Aufbau aus mehreren dünnen Böden mit mehreren dünnen Schichten Füllung bestehen. So bleibt sie stabil. Für eine perfekt gleichmäßige Schichtung empfiehlt es sich, die gewölbte Oberseite der Tortenböden abzuschneiden, sodass sie komplett flach sind.

1 Den unteren Tortenboden auf eine Tortenplatte oder eine Tortenpappe (falls die Torte später auf eine andere Platte oder einen Tortenständer umgestellt werden soll) legen und mithilfe einer Palette mit Creme bestreichen. Dabei die Platte von Zeit zu Zeit drehen, damit die Creme gleichmäßig dick aufgetragen wird. Überschüssige Creme am Rand abtragen und den Rand glätten.

TIPP: Wenn ich zwei Füllungen habe, etwa einen Pudding und eine Buttercreme, fülle ich beide jeweils in Spritzbeutel mit Lochtülle (ca. 1,1 cm Durchmesser) und trage diese abwechselnd auf. Dabei beginne ich am äußersten Rand mit der Buttercreme, da diese auch fürs Eindecken verwendet wird.

2

Den zweiten Tortenboden passgenau aufsetzen, leicht andrücken und erneut Creme mit der Palette auftragen. Die weiteren Böden ebenso aufsetzen und bestreichen. Dann den Tortendeckel aufsetzen und leicht andrücken.

TIPP: Für supersaftige Tortenböden könnt ihr diese vor dem Schichten mit einem aromatisierten einfachen Sirup tränken.

3

Die Creme bzw. Füllung zum Eindecken zunächst an den Seiten auftragen. Auch hier eignet sich am besten ein Spritzbeutel. Die Creme anschließend mit einer Teigkarte oder Palette glatt streichen.

4

Die Creme auf dem Tortendeckel von außen nach innen aufspritzen und mit der Teigkarte oder Palette glatt streichen. Die Creme am Rand von unten nach oben und auf dem Deckel von innen nach außen glatt streichen, sodass eine saubere Kante entsteht.

PROFI-HACK

In einem Tortenring lassen sich Torten schnell und präzise aufschichten. Der Ring wird um den untersten Tortenboden gestellt und dann abwechselnd Creme und Tortenboden eingefüllt. Praktisch ist ein verstellbarer Tortenring, der für verschiedene Größen passt.

WAS IST EINE KRÜMELSCHICHT?

Eine erste, dünne Krümelschicht unter der eigentlicher Cremeschicht soll verhindern, dass Kuchenstückchen in die Glasur oder das Frosting gelangen. Sie ist der beste Trick für makellos glatte Torten. Dafür einfach die Torte mit etwas Creme ringsherum einstreichen und die Torte eine Stunde kühl stellen, damit die Krümelschicht fest wird. Anschließend die finale Cremeschicht zügig auftragen.

Torte mit Fondant eindecken

Fondantdecken gibt es inzwischen in unterschiedlichen Farben fertig zu kaufen. Sogenannter Rollfondant eignet sich sowohl für Decken im eigenen Stil als auch für Fondant-Deko. Damit sich der Fondant gut verarbeiten und über die Torte legen lässt, empfehle ich euch Rollfondant.

1 GRUNDLAGE SCHAFFEN

Fondant braucht eine geeignete Unterlage, die nicht zu feucht ist: Die Torte sollte daher zunächst mit einer Ganache oder amerikanischen Buttercreme eingestrichen werden.

2 FONDANT KNETEN

Der zimmerwarme Fondant muss zunächst weich geknetet werden. Tipp: Dafür etwas Kokosfett auf den Händen verteilen.

3 FONDANT AUSROLLEN

Das Ausrollen klappt am besten auf einer mit etwas Speisestärke bestäubten Arbeitsfläche und einem Ausrollstab. Zum Eindecken einer Torte sollte der Fondant 3 bis 5 mm dick sein.

Wichtig: Fondant wird immer nur auf einer Seite ausgerollt. Also bitte nicht wenden!

 **FÜR HAFTUNG SORGEN**
Ist die Ganache zu trocken? Dann hilft etwas Backtrennspray oder Wasser, damit der Fondant besser haftet.

 **DEN FONDANT AUF DIE TORTE LEGEN**
Die Fondantdecke einfach auf den Ausrollstab oder der Teigrolle aufrollen und über der Torte wieder abrollen.

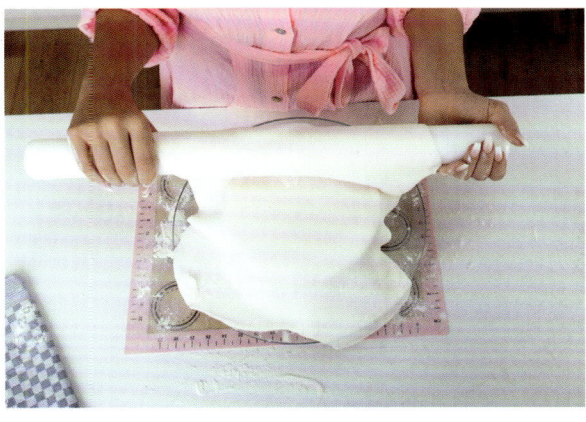

 **FONDANT GLATT STREICHEN**
Zunächst mit den Händen die Oberfläche glätten, indem die Luft zu den Seiten hin rausgedrückt wird. An den Seiten den Fondant mit einer Hand nach unten wegziehen, mit der anderen glatt streichen.

 FONDANT ZUSCHNEIDEN
Überstehende Fondantreste grob mit einem Messer oder Fondantschneider abschneiden. Dann direkt am unteren Tortenrand entlang schneiden, um eine genaue Schnittkante zu bekommen. Ein drehbarer Tortenteller ist von Vorteil.

TIPP: Reste verkneten, luftdicht in Folie verpacken und bei Zimmertemperatur für die nächste Torte aufbewahren.

 **FONDANT EXAKT GLÄTTEN**
Zunächst die Oberfläche und die Seiten mit einem Fondantglätter glätten. Dann mit einem Kantenformer oder zwei Fondantglättern die Kanten perfekt formen.

ROLLFONDANT-RECHNER

DURCHMESSER RUNDE BACKFORM	TORTENHÖHE 5 CM	TORTENHÖHE 6 CM	TORTENHÖHE 7 CM	TORTENHÖHE 8 CM
10 cm	150 g	175 g	200 g	225 g
15 cm	200 g	225 g	250 g	275 g
18 cm	250 g	300 g	325 g	350 g
20 cm	300 g	325 g	350 g	400 g
23 cm	350 g	425 g	450 g	475 g
25 cm	400 g	500 g	550 g	575 g
30 cm	450 g	600 g	650 g	700 g

FONDANT FÄRBEN

Farbigen Fondant gibt es bereits fertig im Handel. Ihr könnt ihn jedoch auch selbst einfärben. Dafür eignen sich Gel- oder Pastenfarben, keine flüssigen Lebensmittelfarben. Verwendet am besten Gummihandschuhe zum Kneten des Fondants bzw. eine Unterlage, die ruhig mit der Farbe in Berührung kommen darf. Dann heißt es gut kneten, bis die gewünschte Menge eingefärbt ist. Es lassen sich auch mehrere Farben verwenden und so tolle Marmorierungen zaubern.

EXTRA-TIPP: Bei größeren Tortenprojekten ist ein gutes Zeitmanagement wichtig. Plant am besten drei Tage für ein aufwendigeres Rezept ein:

TAG 1	Kuchen backen, auskühlen lassen und evtl. füllen
TAG 2	Kuchen versiegeln, mit Fondant überziehen und kühl lagern
TAG 3	Torte dekorieren

ENTSPANNT BACKEN: 5 BASICTIPPS

1 KAUFT DIE ZUTATEN RECHTZEITIG EIN. MUSS ETWAS ONLINE BESTELLT WERDEN?

2 MACHT EINEN ZEITPLAN: WAS LÄSST SICH AM VORTAG ZUBEREITEN? GIBT ES KÜHLZEITEN?

3 ZIEHT EUCH BEQUEME KLEIDUNG AN, DIE AUCH MAL DRECKIG WERDEN DARF.

4 STELLT ALLE ZUTATEN FÜR DAS REZEPT BEREIT UND WIEGT SIE AB.

5 LEST EUCH DAS REZEPT EINMAL GRÜNDLICH DURCH: GIBT ES ETWAS ZU BEACHTEN?

Einfache SOS-Hacks

Backen braucht Erfahrung. Gerade bei den ersten Versuchen gibt es noch das eine oder andere Missgeschick. Zum Glück lassen sich kleinere Unglücke leicht beheben und selbst größere Pannen geschickt kaschieren.

WAS MACHE ICH, WENN MEIN TORTENBODEN EINGEFALLEN IST?

Ihr könnt versuchen, den Kuchen umzudrehen, wenn die Unterseite schön glatt ist. Oder ihr verwendet einfach mehr Creme zum Eindecken der Torte. Wenn gar nichts mehr geht, lässt sich der Boden immer noch zerbröseln und zu Cake-Pops verarbeiten. Dazu die Brösel mit Frischkäse mischen, zu Kugeln formen und mit Kuvertüre überziehen.

DER KUCHEN LÖST SICH NICHT AUS DER FORM: WAS NUN?

Zunächst einmal Ruhe bewahren und nicht schütteln! Es braucht Geduld, da ein warmer Kuchen noch an der Form haftet — also erst abkühlen lassen. Dann vorsichtig den Innenrand der Kuchenform mit dem Messer abfahren. Die Kuchenform mit einem feuchten Geschirrtuch umwickeln und ruhen lassen. Dann lässt sich der Kuchen meist mühelos lösen.

WIE KANN ICH EINEN GEBROCHENEN MÜRBETEIGBODEN NOCH NUTZEN?

Ein gebrochener Knetteigboden lässt sich mit geschmolzener Schokolade bestreichen und so kitten. Nachdem die Schokolade ausgehärtet ist, kann der Boden weiterverwendet werden. Manchmal reicht bereits etwas flüssiges Gelee, um den Mürbeteig zu retten und in Form zu bringen. Ist der Boden gar nicht mehr zu gebrauchen, lässt er sich immer noch als Crumble über ein Dessert streuen.

WIE RETTE ICH EINE GERISSENE BISKUITROLLE?

Ist die Biskuitplatte zu stark gebacken und wenig elastisch, bricht sie beim Aufrollen. Am besten ist es dann, aus der Gebäckplatte und der Füllung statt einer Rolle Sahneschnitten zu fertigen. Dafür die Gebäckplatte halbieren und beide Hälften in gleich große Stücke schneiden. Die Creme in einen Spritzbeutel mit großer Lochtülle füllen und die Hälfte der Biskuitstücke dicht an dicht mit Tupfen verzieren. Die anderen Kuchenplatten darauflegen und mit einer Creme-Rosette und Früchten verzieren.

Torten verzieren wie ein Profi

Eine kreative Dekoration ist nicht nur das i-Tüpfelchen für eure Torten, sondern ein ganz wesentlicher Arbeitsschritt, für den ihr genügend Zeit einplanen solltet. Schließlich ist der erste Eindruck das, was zählt. Und ein tolles Foto ist das, was bleibt, wenn das Kunstwerk längst verspeist ist. Im Internet könnt ihr unterschiedlichste Streuselmischungen oder Schokoladen-Dekorationen bestellen. Aber auch Blüten, Blätter oder verschiedenste Süßigkeiten eignen sich für eine Deko.

SCHOKO-ORNAMENTE ZAUBERN

Die Kuvertüre oder Schokolade zunächst temperieren. Anschließend die Kuvertüre in einen Einwegspritzbeutel oder Gefrierbeutel geben, eine kleine Ecke abschneiden und die Schokolade in beliebigen Formen auf ein Stück Backpapier spritzen. Ihr könnt auch eine Vorlage verwenden, die ihr unter das Backpapier legt und deren Konturen ihr mit der Schokolade nachzieht. Nachdem die Schokolade fest geworden ist, lassen sich die Ornamente vorsichtig mit einem spitzen Messer lösen.

Übrigens: Um gebogene Motive zu erhalten, einfach das Backpapier nach dem Spritzen über eine Flasche oder Teigrolle legen.

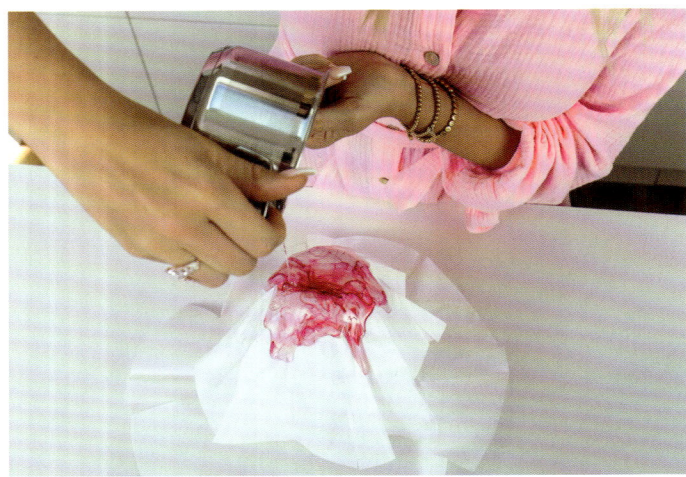

ZUCKERDEKOR HERSTELLEN

Isomalt ist ein Zuckeraustauschstoff in Granulatform, den es online zu kaufen gibt. Aus ihm lassen sich durchsichtige oder farbige Zuckerkreationen herstellen. Für eine Isomalt-Schale (siehe S. 109) braucht ihr etwa 100 g Isomalt und etwas Lebensmittelfarbe nach Wahl. Und so geht's:

1 Isomalt in einem Kochtopf bei mittlerer Hitze auflösen. Wichtig: Nicht zu viel rühren! Mit einem Zahnstocher etwas Lebensmittelfarbe hinzufügen und kurz verrühren.

2 Das Isomalt im Topf etwas abkühlen lassen. Es gilt, die perfekte Temperatur zum Gießen zu erwischen. Eine Silikon-Backmatte auslegen.

3 Zähflüssiges Isomalt auf die Backmatte gießen. Matte mit dem Isomalt über ein hohes, schmales und stabiles Gefäß legen. Es eignet sich eine Thermosflasche, ein Einmachglas oder ein größeres umgedrehtes Trinkglas.

TIPP: Falten der Silikonmatte lassen sich mit Wäscheklammern fixieren.

4 Das Isomalt etwa 15 Minuten auskühlen lassen, bis es fest ist. Die Isomalt-Form vorsichtig von der Backmatte lösen — fertig ist die filigrane Zuckerdeko.

Übrigens: Sollte die Form nichts geworden sein oder sogar zerbrechen, lässt sich das Isomalt ganz einfach wieder erhitzen und auflösen. Isomalt-Formen sollten vor Wärme und Feuchtigkeit geschützt werden. Auf die Torte kommen sie daher erst in letzter Minute vor der Präsentation.

Baiser

Baiser herzustellen ist ganz einfach und eignet sich wunderbar als hübsche Dekoration für eure Torten. Ihr könnt dem Basisrezept 1 TL Saft oder Likör hinzugeben oder mit Lebensmittelfarbe für tolle Akzente sorgen. Feel free!

ZUTATEN

2 Eiweiß (60 g)
120 g Zucker
1 Prise Salz

ZUBEREITUNG

1 Den Backofen auf 100 °C Umluft vorheizen. Ein Backblech mit Backpapier auslegen.

2 Die Eiweiße in einer Schüssel anschlagen. Wenn das Eiweiß schaumig und langsam steif wird, Zucker und Salz einrieseln lassen.

3 Das Eiweiß weiterschlagen, bis die Masse cremig-fest ist. Probe: Mit einem Löffel nach oben gezogen bilden sich Spitzen.

4 Nach Lust und Laune Lebensmittelfarbe vorsichtig unterrühren. Schöne Muster bilden sich, wenn die Farbe nur grob verrührt wird.

5 Die Masse in einen Spritzbeutel füllen und in der gewünschten Form aufs Blech spritzen. Tipp: Kleine Tupfen, Kringel, Lollies oder Herzen sind einfache Motive. Verschiedene Tüllen zaubern unterschiedliche Formen.

6 Jetzt ab in den Ofen! Je nach Größe braucht das Baiser unterschiedlich lange zum Trocknen. Auf jeden Fall etwa 1 Stunde. Es sollte innen nicht mehr feucht sein. Das lässt sich nur prüfen, indem ihr ein Baiserstück aufbrecht. Danach den Ofen ausschalten und bei geschlossener Tür auskühlen lassen.

> **ÜBRIGENS**
> Luftdicht verschlossen in einer Dose ist Baiser mehrere Wochen haltbar.

Schoko-Erdbeeren

Meine süßen Erdbeeren eignen sich als Deko für eure Torten (siehe S. 94/95) oder als kleine Nascherei auf dem Kaffeetisch.

ZUTATEN

150–200 g weiße Kuvertüre
150–200 g Ruby-Kuvertüre
500 g Erdbeeren
Zuckerstreusel
und Zuckerdekor
Holzspieße

MEIN TIPP
Statt Ruby-Kuvertüre zu verwenden, könnt ihr auch weiße Kuvertüre mit Lebensmittelfarbe einfärben.

ZUBEREITUNG

1 Die Kuvertüren getrennt im Wasserbad schmelzen (siehe Tipp S. 15).

2 Die Erdbeeren mit Grün waschen und gut trocken tupfen. Ein Backblech mit Backpapier auslegen. Die Erdbeeren am Grün aufspießen und in die Kuvertüre tauchen. Mit Streuseln und Zuckerdekor dekorieren, auf das Backpapier legen und fest werden lassen.

3 Solltet ihr keine Ruby-Kuvertüre verwenden, könnt ihr einige Erdbeeren zunächst in eine der beiden Farben tauchen und die Kuvertüre antrocknen lassen. Dann mit der anderen Farbe mithilfe eines Löffels besprenkeln.

TIPP: Mit einem kleinen Einwegspritzbeutel klappt es exakter.

12 Tricks aus meiner Küche

1 No-bake-Böden lassen sich in der Springform am besten mit dem Boden eines Wasserglases oder einem Löffelrücken andrücken.

2 Die Springform nach dem Befüllen mit Teig mehrmals kurz auf die Arbeitsfläche aufklopfen, bevor sie in den Ofen kommt. Dadurch steigt eingeschlossene Luft hoch und entweicht.

3 Reste von Sahnetorten lassen sich einfrieren, am besten in einzelnen Stücken, fest in Alufolie eingewickelt und mit Datum versehen. So hält sich das Gebäck bis zu vier Monate.

4 Zum Schichten einer Torte den untersten Tortenboden zunächst auf eine Tortenpappe legen. Damit lässt sich die Torte später leicht umsetzen oder transportieren.

5 Ich liebe natürliche Lebensmittelfarben, die inzwischen von vielen Herstellern angeboten werden. Alternativ eignen sich Rote-Bete-Saft oder Fruchtpulver beispielsweise aus Heidelbeeren.

6 Damit Eischnee schön steif wird, müssen Schüsseln und Quirle absolut fettfrei sein. Nach 30 Sekunden gebe ich eine Prise Salz hinzu. Und Eischnee sollte immer sofort verwendet werden, da er sich nicht neu aufschlagen lässt.

7 Nüsse, Kerne und Samen bekommen durch Anrösten ein intensiveres Aroma und eine interessante Farbe. Einfach in einer beschichteten Pfanne ohne Fett bei mittlerer Hitze oder auf einem Backblech im Ofen bei 150 °C rösten.

8 Für die Herstellung einer Buttercreme ist wichtig, dass die Butter gut aufgeschlagen wird, sonst können sich die Zutaten nicht verbinden. Übrigens: Besonders hell wird Buttercreme, wenn sie mit Sahne-Puddingpulver angerührt wird.

9 Damit die Böden bei Obsttorten nicht durchweichen, können sie vor dem Belegen mit Sahnesteif bestreut werden. Auch eine Schicht aus Kuvertüre oder Pudding verhindert matschige Böden.

10 Für meinen geliebten Käsekuchen eignen sich neben Quark und Frischkäse auch Ricotta, Skyr oder Mascarpone. Je mehr Fett enthalten ist, desto cremiger wird der Käsekuchen.

11 Blätterteig gelingt perfekt, wenn das Backblech vorher mit Butter oder Margarine eingefettet und anschließend mit kaltem Wasser besprenkelt wird. Denn für die Bildung der Schichten wird Wasserdampf benötigt.

12 Sahne sollte zum Aufschlagen immer gut gekühlt sein. Im Sommer stelle ich auch den Rührbecher und die Schneebesen für kurze Zeit in den Kühlschrank. So gelingt Schlagsahne perfekt.

MEIN EXTRA-TIPP
Mit Puderzucker statt Haushaltszucker wird Mürbeteig besonders fein.

ZEITANGABEN IN DIESEM BUCH

Damit ihr gut planen könnt, findet ihr in jedem Rezept am unteren Rand Icons, die angeben, wie viel Zeit ihr für die Zubereitung, das Gehen, Backen und Kühlen bzw. Kaltstellen einrechnen müsst.

Zubereitung   Backen   Kühlen   Gehen   Einweichen

Klassiker neu aufgelegt

SIE SCHMECKEN WIE BEI OMA —
aber auf Social Media setzen sie Trends. Ich zeige euch, wie aus klassischem Käse- oder Zitronenkuchen mit einem Twist kleine Kunstwerke werden. Lust auf Abwechslung? Dann lasst euch überraschen!

Pinke Cookie-Brombeer-Tarte

FÜR 12 STÜCKE

NO-BAKE-COOKIE-BODEN
300 g Double Chocolate Cookies
(Schokokekse mit
Schokoladenstückchen)
80 g Butter

BROMBEERFÜLLUNG
100 g Schlagsahne
200 g Brombeeren
(frisch oder tiefgekühlt)
140 g Doppelrahm-Frischkäse
140 g Mascarpone
50 g Zucker
2 Pck. Vanillezucker
1 TL Zitronensaft
1 Pck. gemahlene Gelatine

DEKO
2–3 Handvoll gemischte Beeren
30 g weiße Kuvertüre
pinke und weiße Deko-Perlen,

AUSSERDEM
1 Tarteform (Ø 24 cm)
mit herausnehmbarem Boden

1 Für den Cookie-Boden die Kekse in einen Gefrierbeutel geben, diesen gut verschließen und die Kekse mit einer Teigrolle zerbröseln. Die Butter schmelzen lassen, hinzugeben und gut vermengen. Die Tarteform einfetten, den Teig hineingeben und am Boden andrücken, dabei den Rand etwas hochdrücken. Den Boden 30 Minuten kühl stellen.

2 Für die Brombeerfüllung die Sahne steif schlagen und kühl stellen. Dann die Brombeeren verlesen (tiefgefrorene auftauen lassen), mit dem Stabmixer pürieren und durch ein Sieb streichen.

3 In einer Schüssel den Frischkäse mit Mascarpone, Brombeeren, Zucker, Vanillezucker und Zitronensaft verrühren.

4 Die Gelatine nach Packungsanweisung anrühren und quellen lassen. Diese dann zu der Brombeercreme geben und mit den Quirlen des Handrührgerätes unterrühren. Die Sahne hinzugeben und nur kurz unterheben, bis eine gleichmäßige Masse entsteht.

5 Die Brombeercreme in die Tarteform füllen und glatt streichen. Die Tarte mindestens 3 Stunden kühl stellen, bis die Creme geliert ist.

6 Zum Dekorieren die Tarte aus der Form nehmen bzw. den Boden vorsichtig nach oben drücken. Die Beeren putzen, waschen und eventuell klein schneiden. Die Kuvertüre hacken und in einer Metallschüssel über dem heißen Wasserbad unter Rühren schmelzen. Die Tarte mit Beeren, Kuvertüre und Perlen verzieren.

Salted Caramel Cheesecake

FÜR 12 STÜCKE

NO-BAKE-KEKSBODEN
250 g Karamellgebäck
120 g weiche Butter

CHEESECAKE-BELAG
900 g Doppelrahm-Frischkäse
150 g Zucker
3 EL Weizenmehl
1 TL Vanilleextrakt
Salz
3 Eier (Größe M)
1 Eigelb (Größe M)
200 g saure Sahne

SALZIGE KARAMELLSAUCE
200 g Zucker
80 g Butter
120 g Schlagsahne
Salz

TOPPING
60 g Karamellgebäck

AUSSERDEM
1 Springform (Ø 26 cm)

1 Den Backofen auf 220 °C Ober-/Unterhitze vorheizen. Den Boden der Springform mit Öl einfetten oder mit Backpapier auslegen.

2 Für den Boden das Karamellgebäck in einen Gefrierbeutel geben, diesen gut verschließen und die Kekse mit einer Teigrolle zerkleinern. Die Keksbrösel in eine Schüssel geben, die Butter dazugeben und alles gut verkneten. Die Masse gleichmäßig auf dem Boden der Springform verteilen und festdrücken (siehe Tipp S. 30).

3 Für den Cheesecake-Belag den Frischkäse cremig rühren. Nach und nach Zucker, Mehl, Vanille und 1 Prise Salz unterrühren. Die Eier und das Eigelb hineingeben und verrühren. Zum Schluss saure Sahne unterrühren. Wichtig: Nicht lange rühren, damit die Masse luftig bleibt.

4 Die Frischkäsemasse auf den Boden geben und glatt streichen. Im Ofen auf mittlerer Schiene 10 Minuten backen. Die Temperatur auf 110 °C herunterschalten und den Cheesecake weitere 45 Minuten backen. Die Füllung wackelt beim Herausnehmen, wird aber beim Abkühlen (2 Stunden bei Raumtemperatur) fest. Anschließend für mindestens 2 Stunden kühl stellen.

5 Für die Karamellsauce den Zucker in einen Topf geben und bei mittlerer Hitze schmelzen und karamellisieren lassen. Der Zucker sollte flüssig und gleichmäßig hellbraun sein. Mit einem Schneebesen die Butter einrühren. Den Topf vom Herd nehmen und langsam die Sahne unter ständigem Rühren hineingießen. Etwas abkühlen lassen und mit Salz abschmecken.

6 Den Cheesecake vorsichtig aus der Form lösen und auf einer Tortenplatte anrichten. Die lauwarme oder abgekühlte Sauce in ein Kännchen füllen und den Kuchen vor dem Servieren mit Linien oder Gittermuster dekorativ begießen.

7 Für das Topping das Karamellgebäck in einen Gefrierbeutel geben und diesen gut verschließen. Die Kekse mit einer Teigrolle grob zerstoßen. Auf dem Salted Caramel Cheesecake verteilen und sofort servieren, damit die Brösel crunchy bleiben.

MEIN TIPP
Bereite den Cheesecake bereits am Vortag zu und stelle ihn über Nacht kalt. Er schmeckt dann besonders gut. Vor dem Servieren bereitest du dann Salzkaramell und Crunch frisch zu.

Kirsch-Quark-Schnitten mit Mohn

FÜR 20 STÜCKE

MÜRBETEIG
300 g Weizenmehl
½ TL Backpulver
150 g weiche Butter
100 g Zucker
1 Pck. Vanillezucker
Salz

KIRSCH-QUARK-FÜLLUNG & MOHNFLECKEN
1 Glas Schattenmorellen
(350 g Abtropfgewicht)
1 Bio-Zitrone
1,2 kg Magerquark
180 g Zucker
3 Eier (Größe M)
1 Pck. Vanillepuddingpulver
250 g Mohnfix bzw. Mohnfüllung

AUSSERDEM
1 tiefes Backblech / eckige Form
(Innenmaß ca. 30 × 25 cm)

1 Den Backofen auf 170 °C Ober-/Unterhitze vorheizen. Das Backblech oder die Form mit Backpapier auslegen.

2 Für den Mürbeteig das Mehl in eine Schüssel sieben. Das Backpulver untermischen. Butter, Zucker, Vanillezucker und 1 Prise Salz dazugeben und alles zu einem glatten Teig verkneten. Ein Drittel des Mürbeteigs für die Streusel in Frischhaltefolie wickeln und kühl stellen. Den restlichen Teig auf dem Backblech gleichmäßig verteilen und mit den Händen oder einer kleinen Teigrolle festdrücken.

3 Für die Füllung die Kirschen in ein Sieb abgießen und abtropfen lassen. Den Saft anderweitig verwenden. Die Zitrone heiß waschen, trocken reiben und die Schale abreiben. Magerquark, Zucker, Eier, Zitronenabrieb und Puddingpulver in eine Schüssel geben und verrühren.

4 Das Mohnfix in Klecksen auf dem Mürbeteigboden verteilen. Darauf die Quarkmasse geben. Zuletzt die Kirschen auf dem Kuchen verteilen. Den Kuchen im Ofen auf der mittlerer Schiene 30 Minuten backen.

5 Den restlichen Teig als Streusel über den Kuchen bröseln und etwa 15 Minuten weiterbacken. Die Backofentür öffnen und den Kuchen noch 10 Minuten im Ofen ruhen lassen.

6 Den Kuchen herausnehmen und auf einem Kuchenrost vollständig auskühlen lassen. Dann mindestens 5 Stunden, am besten über Nacht, kühl stellen. Vor dem Servieren in Stücke schneiden.

Pumpkin Zebra Cake

FÜR 12 STÜCKE

KÜRBISPÜREE
400 g Hokkaidokürbis
oder 450 g Kürbispüree
aus der Dose

ZWEIFARBIGER RÜHRTEIG
6 Eier (Größe M)
Salz
220 g Zucker
1 Bio-Orange
200 ml neutrales Öl
(z. B. Sonnenblumen- oder Rapsöl)
1–2 TL Pumpkin Spice
(Kürbiskuchengewürz)
350 g Weizenmehl
1 Pck. Backpulver
orange Lebensmittelfarbe
25 g Backkakao
2 EL Milch

ZUCKERGUSS
100–120 g Puderzucker
2–3 EL Zitronensaft
orange Lebensmittelfarbe

OPTIONAL
2–3 EL Streusel
in Orange oder Kürbisform

AUSSERDEM
1 Springform (Ø 26 cm)

1 Für das Kürbispüree den Hokkaido waschen, die Kerne mit einem Löffel entfernen und den Kürbis in Stücke schneiden. In einem Topf den Kürbis mit 60 ml Wasser etwa 10 Minuten köcheln lassen. Wenn der Kürbis weich ist, mit einem Pürierstab oder im Standmixer fein pürieren. Abgedeckt abkühlen lassen.

2 Den Backofen auf 180 °C Ober-/Unterhitze vorheizen. Den Boden der Springform mit Backpapier auslegen.

3 Für den Rührteig die Eier trennen. Die Eiweiße mit 1 Prise Salz steif schlagen und 120 g Zucker einrieseln lassen.

4 Die Orange heiß waschen, trocken reiben und die Schale abreiben. Den Saft auspressen. In einer Schüssel die Eigelbe mit den restlichen 100 g Zucker schaumig rühren. Kürbispüree, Orangenschale, Orangensaft, Öl und Gewürz hinzufügen und unterrühren. Das Mehl mit dem Backpulver mischen, sieben und löffelweise unter den Teig rühren. Eischnee vorsichtig unterheben.

5 Die Hälfte des Teiges in eine andere Schüssel füllen. Mit etwas Lebensmittelfarbe kräftig orange färben. Restlichen Teig mit Backkakao und Milch verrühren.

6 Für das typische Zebramuster etwa 2 EL des hellen Teiges in die Mitte der Springform geben. In die Mitte des hellen Teiges 2 EL des dunklen Teiges geben. Der Teig fängt dadurch an nach außen zu verlaufen. Die zwei Teige so im Wechsel immer von der Mitte aus verbrauchen, bis der Springformboden komplett bedeckt ist.

7 Den Zebrakuchen im Ofen auf der mittleren Schiene etwa 45 Minuten backen. Mit einem Holzspieß rechtzeitig prüfen, ob noch Teig kleben bleibt. Fertig gebackenen Kuchen aus dem Ofen nehmen und 10 Minuten abkühlen lassen. Dann erst aus der Form lösen und auf einem Kuchengitter auskühlen lassen.

8 Für den Zuckerguss den Puderzucker mit so viel Zitronensaft verrühren, bis ein zähflüssiger Guss entsteht. Etwas Lebensmittelfarbe für ein kräftiges Orange unterrühren. Den Zuckerguss über den Kuchen gießen. Er sollte an einigen Stellen am Rand herunterlaufen. Nach Belieben mit Streuseln, z. B. einer Kürbis-Streusel-Mischung, dekorieren.

MEIN TIPP
Kein Pumpkin Spice bekommen? Dann mach dir deine Mischung selbst — aus 4 TL Zimtpulver, 2 TL Ingwerpulver, 1 TL gemahlenen Gewürznelken und je ½ TL gemahlenem Piment und Muskatnuss.

Hugo-Erdbeer-Kuppeltorte

FÜR 12 STÜCKE

BISKUITBODEN
2 Eier (Größe M)
70 g Zucker
1 Pck. Vanillezucker
70 g Weizenmehl
½ gestr. TL Backpulver

ERDBEERCREME
750 g Erdbeeren
2 Pck. gemahlene Gelatine
3 EL Holunderblütensirup
1 Bio-Zitrone
500 g Magerquark
250 g Doppelrahm-Frischkäse
120 g Zucker
1 Pck. Vanillezucker
400 g Schlagsahne
2 Pck. Sahnesteif
1 Handvoll Minze

AUSSERDEM
1 Springform
(Ø 24 cm)
1 Schüssel oder Sieb
(Ø ca. 22 cm)

50 MIN 20 MIN 4 STD

1 Den Ofen auf 180 °C Ober-/Unterhitze vorheizen. Die Springform mit Backpapier auslegen.

2 Für den Biskuit die Eier in eine Schüssel geben und mit den Quirlen des Handrührgerätes auf höchster Stufe 1 Minute schaumig schlagen. Zucker und Vanillezucker unter Rühren langsam einrieseln lassen und 3 Minuten weiterschlagen.

3 Das Mehl mit dem Backpulver vermischen und vorsichtig unter die Masse rühren. Dabei nicht mehr zu lange schlagen, damit der Teig schön luftig bleibt. Den Teig in die Springform füllen und glatt streichen. Den Biskuit im Ofen im unteren Drittel 20 Minuten backen.

4 Den Boden aus dem Ofen nehmen und auf einem Kuchengitter kurz abkühlen lassen. Dann mit einem Messer vorsichtig vom Rand lösen und den Springformrand abnehmen. Den Biskuit 30 Minuten abkühlen lassen.

5 In der Zwischenzeit die Erdbeeren waschen, putzen und quer in etwa 2 mm dicke Scheiben schneiden, sodass diese schön rund werden.

6 Eine Schüssel (es geht auch ein Sieb) auf den Biskuitboden legen und mit einem Messer den überstehenden Rand abschneiden. Die Schüssel für die Kuppeltorte etwas einfetten und mit Frischhaltefolie auslegen. Dadurch haftet die Folie besser.

7 Die Schüssel von der Mitte aus dicht an dicht bis zum Rand mit gleich großen Erdbeerscheiben auslegen (ca. 500 g). Restliche Erdbeerscheiben mit einem Stabmixer pürieren.

8 Die Gelatine mit 100 ml Wasser und dem Holunderblütensirup in einem kleinen Topf verrühren und etwa 5 Minuten quellen lassen. In der Zwischenzeit die Bio-Zitrone heiß waschen, trocken reiben und die Schale abreiben. Den Saft auspressen. Den Quark mit Frischkäse, Zucker, Vanillezucker, Zitronenschale und -saft in eine Schüssel geben und cremig rühren.

9 Die Gelatine bei niedriger Hitze vorsichtig erwärmen, bis sie sich völlig aufgelöst hat. Etwa 4 EL der Quarkmasse zur Gelatine geben und mit einem Schneebesen verrühren. Diese Mischung zur restlichen Quarkmasse geben und gut verrühren.

10 Die Sahne mit dem Sahnesteif steif schlagen und in drei bis vier Portionen mit dem Schneebesen unter die Quarkmasse heben. Etwa die Hälfte der Creme beiseitestellen. Die Minze waschen, trocken tupfen, hacken und mit einer Hälfte der Creme vermengen. In die mit Erdbeerscheiben ausgelegte Schüssel geben und darin glatt streichen.

11 Das Erdbeerpüree unter die restliche Creme heben und auf der anderen Creme in der Schüssel verteilen. Den Biskuitboden obenauflegen und leicht andrücken. Eventuell überstehende Erdbeerscheiben einfach abschneiden. Die Schüssel mit Frischhaltefolie abdecken und für mindestens 4 Stunden kühl stellen, bis die Torte fest geworden ist.

12 Die Schüssel auf eine Tortenplatte stürzen und die Folie vorsichtig von der Torte entfernen, wenn sie nicht bereits in der Schüssel bleibt.

MEIN TIPP
Für diese Torte brauchst du Platz im Kühlschrank, da sie für eine gewisse Zeit kühl gestellt werden muss. Kaufe also nicht vorher groß ein oder lagere deine Lebensmittel bei Nachbarn ein.

Panna-Cotta-Tarte mit Maracuja-Spiegel

FÜR 12 STÜCKE

MÜRBETEIG
200 g Weizenmehl
Salz
75 g Zucker
1 Ei (Größe M)
90 g kalte Butter

PANNA-COTTA-CREME
600 g Schlagsahne
60 g Zucker
1 TL Vanilleextrakt
12 g Agar-Agar

MARACUJA-SPIEGEL
1 Maracuja
160 ml Maracujasaft
3–4 g Agar-Agar

AUSSERDEM
1 Tarteform (Ø 26–28 cm)
alternativ: Springform
ca. 300 g Trockenerbsen
zum Blindbacken

1 Für den Mürbeteig das Mehl in eine Schüssel sieben und eine Mulde hineindrücken. 1 Prise Salz, Zucker, Ei und Butter in kleinen Stücken dazugeben und alles zügig mit den Händen zu einem glatten Teig verkneten. Eine Kugel daraus formen, in Frischhaltefolie wickeln und etwa 30 Minuten im Kühlschrank ruhen lassen.

2 Den Backofen auf 180 °C Ober-/Unterhitze vorheizen. Eine Tarteform gründlich einfetten. Den Teig auf einer bemehlten Arbeitsfläche etwas größer als die Form ausrollen. Den Teig mithilfe der Teigrolle über der Form abrollen, hineindrücken und am Rand gut festdrücken. Überstehenden Teig abschneiden und den Boden mit einer Gabel mehrmals einstechen. Backpapier auf den Tarteboden legen und die Trockenerbsen zum Blindbacken einfüllen.

3 Die Tarte im Ofen auf mittlerer Schiene 20 Minuten vorbacken. Die Erbsen und das Papier aus der Form nehmen und den Boden alleine weitere 10 Minuten backen. Herausnehmen und die Tarte auf dem Kuchenrost auskühlen lassen.

4 Für die Panna-Cotta-Creme in einem großen Topf Sahne mit Zucker und Vanilleextrakt kurz aufkochen lassen. Unter Rühren 15 Minuten leicht köcheln lassen. Agar-Agar unterrühren und weitere 2 Minuten kochen lassen. Die Creme auf dem Mürbeteigboden gleichmäßig glatt streichen und etwa 30 Minuten auskühlen lassen. Die Tarte im Kühlschrank mindestens 4 Stunden gelieren lassen.

5 Für den Maracuja-Spiegel die Maracuja halbieren und das Fruchtmark mit den Kernen herauskratzen. Zusammen mit dem Maracujasaft und Agar-Agar in einem Topf 2 Minuten kochen lassen. Mango-Maracuja-Spiegel esslöffelweise auf der Tarte verteilen, glatt streichen und bis zum Servieren mindestens 1 Stunde kühl stellen.

Naked Cake »Schwarzwälder Art«

FÜR 8–12 STÜCKE

BISKUIT
300 g Weizenmehl
100 g Backkakao
2 gehäufte TL Backpulver
½ TL Natron
Salz
150 ml Rapsöl
250 g Zucker
3 Eier (Größe M)
240 ml Milch
200 ml starker kalter Kaffee

KIRSCHFÜLLUNG
1 Glas Schattenmorellen
(350 g Abtropfgewicht)
70 g Zucker
40 g Speisestärke
1 TL abgeriebene
Bio-Zitronenschale

SAHNECREME
300 g Schlagsahne
250 g Mascarpone
50 g Puderzucker
1 TL Vanilleextrakt

TRÄNKE & DEKO
3 EL Kirschwasser oder Kirschsaft
50 g Zartbitter-Kuchenglasur
1 Handvoll Kirschen
(frisch oder aus dem Glas)

AUSSERDEM
1 Springform (Ø 20 cm)
1 Tortenring (Ø 20 cm)

1 Den Backofen auf 180 °C Ober-/Unterhitze vorheizen. Den Boden der Springform mit Backpapier auslegen. Die Ränder einfetten. Der Teig wird später in drei Portionen gebacken.

2 Für den Biskuit Mehl, Backkakao, Backpulver und Natron in eine Schüssel sieben. 1 Prise Salz hinzugeben. In einer anderen Schüssel das Rapsöl und den Zucker aufschlagen. 1 Ei trennen und Eigelb unterrühren. Weitere 2 Eier nacheinander unterrühren. Esslöffelweise trockene Zutaten und Milch abwechselnd dazugeben und unterrühren. Dabei die Zutaten mit einem Teigschaber vom Rand der Schüssel lösen. Den starken Kaffee unter den Teig rühren, bis eine gleichmäßige Masse entsteht.

3 Ein Drittel des Teigs in die Springform füllen und im Ofen auf der mittleren Schiene etwa 25 Minuten backen. Mit einem Holzstäbchen prüfen, ob kein Teig mehr kleben bleibt. Herausnehmen und 10 Minuten abkühlen lassen. Aus der Form lösen und auf einem Kuchengitter auskühlen lassen. Für die zwei weiteren Böden genauso verfahren.

4 In der Zwischenzeit für die Kirschfüllung die Kirschen in einem Sieb abtropfen lassen, den Saft dabei auffangen. Den Saft in einen Topf geben und mit Zucker, Stärke und Zitronenschale klümpchenfrei verrühren. Saft einmal aufkochen und eindicken lassen. Die Kirschen unterrühren (eventuell einige vorher für die Deko beiseitelegen) und auskühlen lassen. Die Kirschen in eine Schüssel füllen, etwas abkühlen lassen, dann kühl stellen.

5 Für die Creme die Sahne steif schlagen. Den Mascarpone, den Puderzucker und den Vanilleextrakt in einer Schüssel gut verrühren. Die Sahne unterheben und ebenfalls kühl stellen.

6 Zum Schichten der Torte einen Biskuitboden auf einer Tortenplatte platzieren. Den Tortenring drum herumlegen. Den Boden nach Geschmack mit 1 EL Kirschwasser oder Kirschsaft tränken. Dann die Hälfte der Kirschen auf dem Boden, nicht ganz bis zum Rand, verteilen. Ein Drittel der Sahnecreme in einen Spritzbeutel mit Lochtülle füllen und einen Sahnerand außen ziehen. Ein Drittel der übrigen Sahne auf den Kirschen verteilen und glatt streichen.

7 Den zweiten Boden auf die Sahne legen und leicht andrücken. Ebenfalls mit Kirschwasser oder Saft tränken. Restliche Kirschen darauf verteilen und wieder einen Rand lassen. Mit dem Spritzbeutel erneut einen Sahnerand ziehen. Dann mit dem zweiten Drittel der Sahnecreme toppen und verstreichen.

8 Letzten Boden darauflegen und mit Kirschwasser oder Saft tränken. Restliche Sahne auf der Torte verteilen und glatt streichen. Bis zum Dekorieren kühl stellen (Mind. 2 Std.).

9 Den Tortenring lösen. Die Glasur nach Packungsanweisung schmelzen lassen und mithilfe einer Gabel dekorativ in Gitterform oder Linien auf der Torte verteilen. Zum Schluss die Kirschen zur Deko in die Mitte auf die Torte setzen.

Fruchtiger Gugelhupf mit Pistazien-Cheesecake-Swirl

FÜR CA. 15 STÜCKE

ERDBEER-RÜHRTEIG
380 g Erdbeeren
200 g weiche Butter
250 g Zucker
1 Pck. Vanillezucker
Salz
4 Eier (Größe M)
150 g griechischer Joghurt (10 % Fett)
350 g Weizenmehl
1 TL Backpulver

PISTAZIEN-SWIRL
50 g Pistazien
20 g gehackte Mandeln
2 Eier (Größe M)
80 g Zucker
20 g Speisestärke
200 g Mascarpone
100 g Doppelrahm-Frischkäse

GLASUR UND TOPPING
150 g Ruby-Kuvertüre
2–3 EL gehackte Pistazien

AUSSERDEM
1 große Gugelhupfform (Ø 25 cm)

1 Für den Rührteig die Erdbeeren waschen, putzen und pürieren. Das Püree in einem Topf bei mittlerer Hitze etwa 20 Minuten unter ständigem Rühren einkochen. Das Püree sollte sich auf etwa 150 ml reduzieren. Abkühlen lassen.

2 Für den Pistazien-Cheesecake-Swirl die Pistazien und die Mandeln im Multizerkleinerer fein mahlen. Eier, Zucker und Stärke in eine Schüssel geben und mit einem Mixer (Rührstäbe) in 3 Minuten cremig schlagen. Mascarpone, Frischkäse und Pistazien-Mandelmehl verrühren und mit einem Löffel vorsichtig unter die Eiermasse rühren, damit sie nicht zu flüssig wird. Den Teig bis zur Verwendung kühl stellen.

3 Den Backofen auf 180 °C Ober-/Unterhitze vorheizen. Die Gugelhupfform einfetten.

4 Für den Erdbeer-Rührteig die weiche Butter in einer Schüssel cremig rühren. Zucker, Vanillezucker und 1 Prise Salz unterrühren und so lange weiterrühren, bis eine gebundene Masse entstanden ist. Die Eier nach und nach hinzugeben und unterrühren. Joghurt und Erdbeerpüree unterrühren. In einer separaten Schüssel Mehl und Backpulver mischen und kurz unterrühren. Dabei nicht mehr länger rühren als nötig.

5 Etwas weniger als die Hälfte des Erdbeerteigs in die Gugelhupfform füllen. Innen und außen den Teig an der Form etwas hochziehen. In die Mulde den Pistazien-Swirl ringförmig verteilen. Darüber vorsichtig den restlichen Erdbeer-Rührteig geben und glatt streichen.

6 Den Gugelhupf auf dem Rost im Ofen auf unterster Schiene etwa 60 Minuten backen. Die Form auf einen Kuchenrost stellen und 30 Minuten abkühlen lassen. Dann den Kuchen aus der Form stürzen und vollständig auskühlen lassen.

7 Für die Glasur die Ruby-Kuvertüre im Wasserbad schmelzen lassen. Kuvertüre über den Gugelhupf gießen und an den Seiten herunterlaufen lassen. Mit den gehackten Pistazien toppen.

Zitronenkuchen mit Herz-Überraschung

FÜR CA. 15 STÜCKE

ROTER RÜHRTEIG
80 g weiche Butter
70 g Zucker
Salz
2 Eier (Größe M)
120 g Weizenmehl
1 TL Backpulver
rote Lebensmittelfarbe

ZITRONENRÜHRTEIG
125 g weiche Butter
200 g Zucker
2 Eier (Größe M)
150 g griechischer Joghurt
(10 % Fett)
1 Bio-Zitrone
200 g Weizenmehl
1 TL Backpulver

GLASUR UND DEKO
1 EL Crème fraîche
2 EL Zitronensaft
ca. 225 g Puderzucker
Zuckerherzen

AUSSERDEM
1 Kastenform (ca. 25 cm lang)
Ausstecher in Herzform
(ca. 4 cm groß)

1 Den Backofen auf 180 °C Ober-/Unterhitze vorheizen. Die Kastenform einfetten.

2 Für den roten Rührteig in einer Schüssel die weiche Butter cremig rühren. Den Zucker und 1 Prise Salz unterrühren und so lange weiterrühren, bis eine gebundene Masse entstanden ist. Die Eier nach und nach hinzugeben und unterrühren. Mehl mit Backpulver mischen und löffelweise unter die Butter-Ei-Masse rühren. Den Teig nach gewünschter Intensität rot einfärben.

3 Den Teig in die Kastenform füllen, glatt streichen und auf dem Rost auf unterster Schiene im vorgeheizten Backofen 20 bis 25 Minuten backen. Garprobe: In die Mitte ein Holzstäbchen stecken. Wenn kein Teig hängen bleibt, ist der Teig durchgebacken. Kuchen auf einem Gitter kurz abkühlen lassen, dann aus der Form stürzen und vollständig auskühlen lassen.

4 Für den Zitronenrührteig weiche Butter cremig rühren. Den Zucker unterrühren und so lange weiterrühren, bis eine gebundene Masse entstanden ist. Die Eier nach und nach hinzugeben und unterrühren. Den Joghurt gut unterrühren. Die Bio-Zitrone heiß waschen, trocken reiben und die Schale mit einer Reibe abreiben. Saft auspressen. Beides unter den Teig rühren. Mehl und Backpulver mischen und löffelweise unter den Teig rühren. Den Teig kühl stellen.

5 Den Backofen erneut auf 180 °C Ober-/Unterhitze vorheizen. Kastenform spülen und erneut einfetten.

6 Für die Herzfüllung den ausgekühlten roten Kuchen waagerecht durchschneiden, sodass zwei Hälften entstehen. Mit einer Ausstechform so viele Herzen wie möglich ausstechen.

7 Ein Drittel des Zitronenteigs in die Kastenform füllen. Dann die ausgestochenen Herzen dicht an dicht in einer Linie auf den Teig setzen. An beiden Enden etwa 1 cm bis zum Rand frei lassen. Restlichen Teig mit Esslöffel oder Spritzbeutel um und auf die Herzen füllen.

8 Den Kuchen im Ofen auf unterster Schiene 35 bis 40 Minuten backen. Danach auf einem Gitter 10 Minuten abkühlen lassen, dann aus der Form stürzen und vollständig abkühlen lassen.

9 Für die Glasur Crème fraîche mit Zitronensaft und so viel Puderzucker verrühren, bis ein zähflüssiger Guss entsteht. Die Glasur über den ausgekühlten Kuchen geben und mit Zuckerherzen liebevoll verzieren. Den Guss mindestens 1 Stunde oder über Nacht trocknen lassen.

MEIN TIPP
Statt eines Herzens kannst du auch einen Stern oder z. B. zu Ostern einen Hasen als Ausstechform verwenden.

Bunte Himbeer-Kokos-Biskuitrolle mit Joghurt

FÜR CA. 14 STÜCKE

BUNTER BISKUIT
120 g Zucker
3 Eier (Größe M)
2 Eigelb
1 TL Vanilleextrakt
Salz
95 g Weizenmehl
75 g Speisestärke
1 TL Backpulver
pinke Gel-Lebensmittelfarbe

HIMBEER-KOKOS-CREME
250 g Himbeeren
400 g Schlagsahne
2 Beutel Gelatine fix
150 g Naturjoghurt
30 g Zucker
1 Pck. Vanillezucker
50 g Kokosflocken

AUSSERDEM
1 Backblech (40 × 30 cm)
3 Spritzbeutel mit Lochtülle
(Ø ca. 1,1 cm)

1 Den Backofen auf 200 °C Ober-/Unterhitze vorheizen. Das Backblech fetten und mit Backpapier auslegen. Das Papier an der offenen Seite des Blechs zu einem Rand knicken.

2 Für den Biskuit den Zucker mit Eiern, Eigelben, 2 EL heißem Wasser, Vanille und 1 Prise Salz in einer Schüssel cremig rühren. Mehl, Stärke und Backpulver sieben, mischen und unter die Eier-Zucker-Masse rühren.

3 Den Teig gleichmäßig auf drei Schüsseln verteilen und jedes Drittel mit etwas Lebensmittelfarbe in unterschiedlich intensiven Pinktönen einfärben. Den Teig in drei Spritzbeutel füllen und auf das Backblech abwechselnd diagonale Linien ziehen, beginnend an einer Ecke, bis ein Rechteck aus Teig entsteht. Kleine Löcher mit einem Zahnstocher korrigieren.

4 Den Biskuit im Ofen auf der mittleren Schiene 5 bis 8 Minuten backen. Tipp: Heißluft trocknet Biskuit zu stark aus, daher lieber Ober-/Unterhitze nutzen.

5 Den Biskuitboden auf ein mit etwas Zucker bestreutes Geschirrtuch stürzen und das Backpapier abziehen. Erneut auf ein weiteres Geschirrtuch stürzen, da die Seite mit dem Backpapier farblich schöner ist und außen sein soll. Den Biskuit mit dem Handtuch zusammen von der Längsseite her einrollen und auskühlen lassen.

6 Für die Creme die Himbeeren verlesen, waschen und trocken tupfen. Schlagsahne leicht anschlagen, 1 Beutel Gelatine fix einrieseln lassen und steif schlagen.

7 Den Joghurt in einer Schüssel verrühren und den zweiten Beutel Gelatine fix auf niedrigster Stufe 1 Minute unterrühren. Den Zucker und den Vanillezucker dazugeben und unterrühren, die Sahne und die Kokosflocken unterheben.

8 Zum Füllen der Rolle den Biskuit ausrollen. Die Füllung so aufstreichen, dass an den langen Seiten jeweils 1 bis 2 cm frei bleiben. Die Himbeeren auf der Füllung verteilen. Die Biskuitplatte von der langen Seite her aufrollen und mindestens 1 Stunde kühl stellen.

MEIN TIPP
Du kannst den Teig für den bunten Biskuit auch in geraden Streifen oder in Tupfen auftragen. Sei kreativ!

»No bake« Mango-Cheesecake-Charlotte

FÜR 8–12 STÜCKE

NO-BAKE-BODEN
100 g Löffelbiskuits
80 g weiße Kuvertüre

LÖFFELBISKUIT-RAND
100 g weiße Kuvertüre
200 g Löffelbiskuits

MANGOFÜLLUNG
1 reife Mango
(500 g oder ca. 350 g
tiefgefrorenes Fruchtfleisch)
300 g Schlagsahne
750 g Speisequark (20 % Fett)
90 g Puderzucker
12 Blatt Gelatine

VERZIERUNG
1 reife Mango

AUSSERDEM
1 Springform (Ø 20 cm)

1 Für den Boden die Löffelbiskuits im Blitzhacker fein zerkleinern oder in einen Gefrierbeutel geben und mit der Teigrolle zerbröseln. Die Brösel in eine Schüssel geben. Die Kuvertüre hacken und in einer Metallschüssel über dem heißen Wasserbad unter Rühren schmelzen (siehe Tipp S. 15). Die Kuvertüre mit den Bröseln vermengen. Den Boden der Springform einfetten. Die Masse auf dem Boden verteilen und andrücken.

2 Für den Rand die Kuvertüre schmelzen lassen und in ein Glas geben. Die Löffelbiskuits an einer Seite gerade abschneiden, sodass sie 2 bis 3 cm über die Form hinausragen. Auf der anderen Seite 1,5 bis 2 cm in die Kuvertüre tauchen und mit der Zuckerseite nach außen ringsherum an den Springformrand stellen. Dabei etwas in den Boden eindrücken, damit sie gut halten. Kühl stellen.

3 Für die Füllung die Mango schälen, das Fruchtfleisch ringsherum vom Stein schneiden und in Würfel schneiden (tiefgefrorene Mango auftauen lassen). Die Mango mit dem Stabmixer fein pürieren. Die Sahne steif schlagen und in den Kühlschrank stellen. Den Quark und den Puderzucker in einer Rührschüssel verrühren.

4 In einer kleinen Schüssel die Gelatine in kaltem Wasser 5 Minuten einweichen. Das Mangopüree in einem Topf unter Rühren erhitzen. Die Gelatineblätter mit den Händen leicht ausdrücken, zu dem Mangopüree geben und unter Rühren auflösen. 4 EL Quarkmasse mit einem Schneebesen unter die Mango-Gelatine rühren. Mangomasse unter die restliche Quarkcreme rühren. Die Sahne unterheben. Die Mangocreme in die Springform füllen und 3 bis 4 Stunden kühl stellen.

5 Für die Deko die Mango schälen, das Fruchtfleisch auf den flachen Seiten vom Stein schneiden und längs in dünne Scheiben schneiden. Den Springformrand vorsichtig lösen und die Charlotte mithilfe eines Tortenretters auf eine Tortenplatte umsetzen. Mangoscheiben in einer Rosette auf der Charlotte anrichten.

MEIN TIPP
Hübsch sieht es aus, wenn du ein Geschenkband aus Stoff um die Charlotte legst und mit einer Schleife zubindest.

Apfel-Hafer-Cookie XL

FÜR 10 STÜCKE

KARAMELL
50 g brauner Zucker
1 EL weiche Butter
Salz

2 Äpfel (ca. 300 g)

COOKIE-TEIG
120 g weiche Butter
110 g Zucker
1 Ei (Größe M)
120 g Weizenmehl
1 TL Backpulver
125 g zarte Haferflocken

AUSSERDEM
ofenfeste Form oder Pfanne
(Ø 20 cm)

1 Für den Karamell Zucker in einem Topf schmelzen lassen, bis er hellbraun wird. Butter und 2 Prisen Salz dazugeben und bei schwacher Hitze zu einer cremigen Konsistenz verrühren. Karamell in eine ofenfeste runde Form gießen.

2 Die Äpfel waschen, nach Belieben schälen, vierteln, entkernen und in dünne Spalten schneiden. Die Form damit kreisförmig auf dem Karamell auslegen.

3 Den Backofen auf 180 °C Ober-/Unterhitze vorheizen.

4 Für den Teig die Butter und den Zucker cremig rühren. Das Ei unterrühren. Mehl, Backpulver und Haferflocken mischen und zügig unter die Creme rühren. Teig vorsichtig, am besten mit einem Löffel, auf den Äpfeln verteilen und glatt streichen. Cookie im Ofen 25 bis 30 Minuten backen.

5 Die Form aus dem Ofen nehmen und 5 Minuten abkühlen lassen. Einen großen Teller oder eine Tortenplatte auf die Form legen und wenden. Vorsicht dabei, denn das Karamell ist noch flüssig und heiß! XL Cookie warm oder kalt servieren.

MEIN TIPP
Zum lauwarmen Apfel-Hafer-Cookie schmeckt Vanilleeis oder leicht angeschlagene Sahne mit Bourbon-Vanillezucker.

Banana-Stracciatella-Torte

FÜR 16 STÜCKE

SCHOKO-RÜHRTEIG
3 Eier (Größe M)
95 g weiche Butter
95 g Zucker
1 Pck. Vanillezucker
75 g Weizenmehl
2 TL Backkakao
3 gestr. TL Backpulver
75 g gemahlene Mandeln
30 g Zartbitter-Raspelschokolade

BANANEN-STRACCIATELLA-FÜLLUNG
2 mittelgroße Bananen (250 g)
2 EL Zitronensaft
600 g Schlagsahne
3 Pck. Sahnesteif
25 g Zucker
1 Pck. Vanillezucker
50 g Zartbitter-Raspelschokolade

DEKO
Bananenchips

AUSSERDEM
1 Springform (Ø 26 cm)

1 Den Backofen auf 180 °C Ober-/Unterhitze vorheizen. Den Boden der Springform einfetten.

2 Für den Schoko-Rührteig die Eier trennen. Die Eiweiße steif schlagen und beiseitestellen. Die Butter, den Zucker und den Vanillezucker cremig aufschlagen. Die Eigelbe auf höchster Stufe unterrühren. Das Mehl mit Kakao, Backpulver, Mandeln und Schokoraspeln mischen und in zwei Portionen unter die Masse rühren. Den Eischnee vorsichtig kurz unterrühren.

3 Den Teig in die Springform füllen, glatt streichen und im Ofen auf der unteren Schiene 20 bis 25 Minuten backen. Den Kuchen in der Form auf einem Kuchengitter auskühlen lassen.

4 Für die Bananen-Stracciatella-Füllung die Bananen schälen, in Scheiben schneiden, mit dem Zitronensaft beträufeln und den Tortenboden damit belegen. Die Sahne mit Sahnesteif, Zucker und Vanillezucker steif schlagen. Die Raspelschokolade unterrühren und die Schokosahne auf die Bananen streichen. Die Torte mindestens 1 Stunde kühl stellen.

5 Mit einem Messer die Torte vom Springformrand lösen, den Rand abnehmen und die Oberfläche mit Bananenchips dekorieren.

Baklava-Strudel

FÜR CA. 8 STÜCKE

STRUDELTEIG
100 g Butter
200 g Weizenmehl
Salz

NUSSFÜLLUNG
100 g Walnusskerne
100 g Cashewkerne
60 g Zucker
1 TL Zimtpulver
70 g gemahlene Mandeln
1 Pck. Vanillezucker
1 Ei (Größe M)

SIRUP
½ Bio-Zitrone
70 g Zucker
130 g Honig

1 Für den Strudelteig 50 g Butter in einem Topf zerlassen. Mehl mit der Butter, 1 Prise Salz und 100 ml lauwarmem Wasser in eine Schüssel geben und mit den Knethaken des Handrührgerätes erst auf niedrigster, dann auf höchster Stufe zu einem glatten Teig verarbeiten.

2 In einem kleinen Kochtopf etwas Wasser aufkochen, den Topf ausgießen und abtrocknen. Den Teig auf Backpapier in den heißen Topf legen, mit einem Deckel verschließen und 30 Minuten ruhen lassen.

3 In der Zwischenzeit für die Füllung Walnüsse und Cashewkerne hacken. Die Nüsse mit Zucker und Zimt in einer kleinen Pfanne erhitzen, bis der Zucker karamelisiert. Kurz abkühlen lassen. Die Masse in einer Schüssel mit Mandeln, Vanillezucker und Ei vermischen.

4 Den Backofen auf 180 °C Ober-/Unterhitze vorheizen. Das Backblech mit Backpapier auslegen.

5 Die restliche Butter in einem kleinen Topf zerlassen. Den Teig auf einem bemehlten großen Küchenhandtuch rechteckig ausrollen. Dann mit den Handrücken darunter fahren und den Teig ausziehen, bis er hauchdünn das ganze Handtuch bedeckt. Den Teig dünn mit etwas zerlassener Butter bestreichen.

6 Die Nussfüllung gleichmäßig auf dem Teig verteilen, dabei am Rand jeweils 1 cm Abstand lassen. Die Ränder der beiden Längsseiten etwas über die Füllung schlagen. Den Teig von der kurzen Seite her aufrollen und den Strudel mit der Nahtstelle nach unten auf das Blech legen. Den Strudel auf der Oberseite mehrfach einschneiden, mit Butter bestreichen und im Ofen auf der mittleren Schiene in etwa 40 Minuten goldbraun backen.

7 Inzwischen für den Sirup die Zitrone heiß waschen, trocken reiben und in dünne Scheiben schneiden. Die Zitrone, den Zucker, den Honig und 350 ml Wasser in etwa 30 Minuten in einem Topf zu einem Sirup kochen. Abkühlen lassen.

8 Den Strudel nach dem Backen sofort mit Sirup übergießen und servieren.

Kuchen & Torten für besondere Anlässe

OB GEBURTSTAG, OSTERN ODER MUTTERTAG:
Leckere Überraschungen aus der eigenen Küche kommen immer von Herzen. Backt euch und eure Liebsten glücklich — mit meinen festlichen Kuchen und ausgefallenen Motivtorten.

Milchreis-Torte »Piña Colada«

FÜR 12 STÜCKE

KOKOS-RÜHRTEIG
50 g Kokosraspel
4 Eier (Größe M)
125 g weiche Butter
100 g Rohrohrzucker
1 Pck. Vanillezucker
Salz
120 g Weizenmehl
½ Pck. Backpulver
ca. 2 EL Milch

MILCHREISFÜLLUNG
800 ml Kokosmilch
200 ml Milch
90 g Zucker
1 TL Vanilleextrakt
220 g Milchreis
300 g Ananasstücke aus der Dose
5 Blatt Gelatine
200 g Schlagsahne

ANANAS-KOKOS-DEKO
1 kleine Ananas
2–3 EL Kokosraspel
1–2 EL Zucker
1 Schuss Rum oder Wasser

AUSSERDEM
1 Springform (Ø 26 cm)

1 Den Backofen auf 180 °C Ober-/Unterhitze vorheizen. Die Springform mit Backpapier auslegen.

2 Für den Rührteig die Kokosraspel in einer Pfanne ohne Fett goldgelb anrösten. Die Eier trennen. Die weiche Butter in einer Schüssel cremig rühren. Rohrohrzucker, Vanillezucker und 1 Prise Salz unterrühren und so lange weiterrühren, bis eine gebundene Masse entstanden ist. Die Eigelbe nach und nach hinzugeben und unterrühren. Mehl, Backpulver und Kokosraspel unterheben. Sollte der Teig zu fest sein, etwas Milch dazugeben. Die Eiweiße steif schlagen und unter den Teig heben.

3 Den Teig in die Springform füllen und im Ofen auf der mittleren Schiene 30 bis 40 Minuten backen. Eventuell zum Ende hin mit Backpapier abdecken und kurz vor Ende der Backzeit schon einmal die Stäbchenprobe machen. Den Boden auf einem Kuchengitter auskühlen lassen.

4 In der Zwischenzeit für die Milchreisfüllung in einem großen Topf Kokosmilch, Milch, Zucker und Vanilleextrakt aufkochen. Den Milchreis hinzugeben und bei schwacher Hitze etwa 40 Minuten ausquellen lassen. Dann den Kokosreis von der Herdplatte nehmen und in 20 Minuten lauwarm abkühlen lassen.

5 Währenddessen die Ananas in ein Sieb abgießen und abtropfen lassen (den Saft nach Belieben aufbewahren und anderweitig verwenden). In einer kleinen Schüssel die Gelatine in kaltem Wasser 5 Minuten einweichen. Die Sahne steif schlagen. Die Gelatine mit den Händen gut ausdrücken und unter den noch warmen Milchreis rühren und auflösen. Dann die Sahne zu dem Milchreis geben und alles miteinander verrühren. Die Ananas unterheben und die Milchreismasse auf den Boden in die Springform geben und für mindestens 4 bis 5 Stunden kühl stellen.

6 Für die Deko die Ananas schälen und den harten Strunk entfernen. Von der Ananas acht bis zehn dünne Scheiben (etwa 3 mm) abschneiden. Die Kokosraspel in einer Pfanne ohne Fett goldgelb anrösten und anschließend beiseitestellen. Den Zucker in der Pfanne auf mittlerer Hitze schmelzen und karamellisieren lassen. Dann die Ananasscheiben dazugeben. Etwas Rum oder Wasser hinzugeben und die Ananas 5 Minuten dünsten, zwischendurch wenden. Die Ananas auf einen Teller geben und auskühlen lassen.

7 Um die Milchreistorte aus der Form zu lösen, vorsichtig mit einem warmen Messer am Rand entlang schneiden und den Springformrand entfernen. Die Ananasscheiben dekorativ auf der Torte verteilen und mit gerösteten Kokosraspeln dekorieren.

MEIN TIPP
Statt Rum kannst du auch etwas Rumaroma zum Karamell und der Ananas geben. Ich liebe essbare Blüten als Dekoration. Gut passen auch ein paar Minzblätter.

Festliche Hasentorte

FÜR 12 STÜCKE

FONDANTDECKE UND GARNITUR
250 g weißer Fondant
rosa Lebensmittelfarbe
2 Holzspieße
schwarze Lebensmittelfarbe
1 weiße Fondantdecke
optional: frische Blüten für die Dekoration

GANACHE
150 g Schlagsahne
200 g weiße Kuvertüre

BISKUITBÖDEN
400 g Butter
300 g Zucker
Salz
8 Eier (Größe M)
300 g Weizenmehl
150 g Speisestärke
2 TL Backpulver

SCHOKO-SAHNE-FÜLLUNG
250 g Schlagsahne
100 g weiße Kuvertüre
2 Pck. Sahnesteif
200 g Schmand
1 TL Vanilleextrakt
pinke Lebensmittelfarbe

HEIDELBEERPUDDING
250 g Heidelbeeren
25 g Vanillepuddingpulver

AUSSERDEM
2 Springformen (Ø 20 cm)
2 Spritzbeutel mit Lochtülle (Ø 1,1 cm)

100 MIN   45 MIN   3–4 STD

1 100 g Fondant auf der Arbeitsfläche 3 mm dick ausrollen und zwei etwa 20 cm große Ohren ausschneiden. 50 g weißen Fondant rosa einfärben, 3 mm dick ausrollen, Innenohren ausschneiden und mit etwas Wasser auf die weißen Ohren kleben. Bei einem Ohr die Spitze umknicken. Die Ohren bei Raumtemperatur trocknen lassen. Von unten vorsichtig einen Holzspieß in jedes Ohr schieben, sodass diese später auf dem Kuchen befestigt werden können.

2 Aus weißem und dem restlichen rosa Fondant Füße und Nase modellieren. 10 g weißen Fondant schwarz einfärben und die Augen daraus formen. Alle Teile trocknen lassen.

3 Für die Ganache die Sahne in einem Topf erwärmen. Die Kuvertüre hacken, und darin schmelzen und im Kühlschrank abkühlen lassen.

4 Den Backofen auf 190 °C Ober-/Unterhitze vorheizen. Die Springformen mit Backpapier auslegen.

5 Für den Biskuit die Butter schaumig rühren. Den Zucker und 1 Prise Salz dazugeben und cremig schlagen. Die Eier nach und nach hinzugeben und unterrühren. Mehl, Stärke und Backpulver mischen und unter die Butter-Zucker-Masse rühren. Den Teig auf beide Springformen verteilen (alternativ hintereinander backen) und im Ofen 40 bis 45 Minuten backen. Gegen Ende der Backzeit eine Stäbchenprobe machen. Die Springformen auf einem Kuchengitter kurz abkühlen lassen. Dann die Biskuitböden aus der Springform lösen und auf dem Kuchengitter weiter auskühlen lassen.

6 Für die Füllung 3 EL der Sahne in einer Metallschüssel im Wasserbad erhitzen. Die Kuvertüre hacken, dazugeben und schmelzen. Aus dem Wasserbad herausnehmen und abkühlen lassen. Die restliche Sahne mit dem Sahnesteif in einer Schüssel steif schlagen. Den Schmand und die Vanille dazugeben und unterrühren. Die abgekühlte weiße Schokolade unter die Creme rühren.

7 Für den Pudding die Heidelbeeren verlesen, waschen und mit einem Stabmixer pürieren. Das Püree in einem Topf aufkochen. In einem Schälchen das Puddingpulver mit 2 bis 3 EL Püree verrühren. Zum Püree in den Topf geben, unter Rühren nochmals aufkochen lassen. Anschließend kühl stellen.

8 Die Tortenböden jeweils halbieren. Die Füllung in einen Spritzbeutel geben. Pudding in einen weiteren Spritzbeutel geben. Einen Boden auf eine Tortenplatte setzen. Die Füllung außen und innen kreisförmig aufspritzen. In die Zwischenräume den Pudding aufspritzen. Zweiten Boden auflegen und leicht andrücken. Wie beschrieben die Füllungen aufspritzen. Dritten Boden auflegen und mit Füllung und Pudding toppen, bis beides aufgebraucht ist. Restlichen Boden auflegen und andrücken. Die Torte 1 Stunde kühl stellen.

9 Die Ganache frühzeitig aus dem Kühlschrank nehmen, damit sie streichfähig ist. Die Torte auf der Oberfläche dünn damit einstreichen, damit sie eine Krümelschicht bildet. Mindestens 30 Minuten kühl stellen. Die Torte mit der restlichen Ganache rundherum möglichst glatt einstreichen — je präziser, desto besser. Nochmals 2 bis 3 Stunden kühl stellen, damit die Ganache gut aushärtet.

10 Die Fondantdecke eventuell etwas dünner ausrollen und vorsichtig über den Kuchen legen. Seiten von oben nach unten glatt streichen (siehe Tipps S. 18/19). Nase, Augen und Pfötchen anbringen, indem etwas Wasser auf die Stellen der Fondantdecke gepinselt wird. Deko-Elemente andrücken. Die ausgehärteten Hasenohren mit den Spießen vorsichtig in die Torte hineinstecken.

11 Gerne kannst du die Oberfläche noch mit Zuckerperlen oder Blumen verzieren.

Crêpes-Torte mit Lemon Curd

FÜR 12 STÜCKE

CRÊPES
170 g weiche Butter
7 Eier (Größe M)
½ l Milch
Salz
2 Pck. Vanillezucker
350 g Weizenmehl
5 EL Rapsöl

LEMON CURD
5 Bio-Zitronen
5 Eier (Größe M)
140 g Zucker
1 TL Speisestärke
125 g Butter

ZITRONEN-QUARK-TOPPING
1 Bio-Zitrone
120 g Magerquark
30 g Zucker
1 Pck. Vanillezucker
60 g Schlagsahne
etwas Zitronenmelisse

1 Für die Crêpes die Butter in einem Topf bei niedriger Hitze schmelzen lassen. Eier, Milch, 1 Prise Salz und Vanillezucker in einer Schüssel verrühren. Das Mehl löffelweise untermischen und zu einem glatten Teig verrühren. Flüssige Butter dazugeben und unterrühren. Den Teig mindestens 30 Minuten quellen lassen.

2 In der Zwischenzeit für das Lemon Curd die Zitronen heiß waschen, trocken reiben und die Schale abreiben. Den Saft auspressen. Zitronensaft und -schale in einem Topf aufkochen. In einer Schüssel Eier, Zucker und Stärke zu einer weißen Creme aufschlagen. Die Hälfte des Zitronensafts zur Eimasse hinzufügen und unterrühren.

3 Die Eimasse zum restlichen Zitronensaft in den Topf geben und alles bei kleinster Stufe unter ständigem Rühren stocken lassen. Masse sofort durch ein Sieb streichen, um die Zitronenschale zu entfernen. Mit Frischhaltefolie abdecken und auf Zimmertemperatur abkühlen lassen.

4 Die Butter mit den Quirlen des Handrührgerätes verrühren, bis sie fast weißcremig ist. Die Zitronen-Ei-Masse esslöffelweise unter die Butter rühren. Lemon Curd kühl stellen.

5 Eine flache Pfanne (Ø 22 bis 24 cm) bei mittlerer Hitze erhitzen und dünn mit etwas Öl ausstreichen. Etwa 100 ml Crêpe-Teig hineingießen und durch Schwenken der Pfanne verteilen.
Etwa 1 Minute backen, bis der Rand leicht braun wird. Crêpe wenden und in etwa 30 Sekunden fertig backen. Auf einem Teller auskühlen lassen. Aus dem restlichen Teig im Öl weitere Crêpes backen. Crêpes auskühlen lassen.

6 Zum Stapeln der Torte den ersten Crêpe auf eine Tortenplatte legen, mit Lemon Curd bestreichen und den nächsten Crêpe darauflegen. So weitermachen, bis Crêpes bzw. Lemon Curd aufgebraucht sind. Torte für mindestens 1 Stunde kühl stellen.

7 In der Zwischenzeit für das Topping die Zitrone heiß waschen, trocken reiben und die Schale mit einem Zestenreißer in feinen Streifen abziehen. Den Saft auspressen und mit Quark, Zucker und Vanillezucker verrühren. Die Sahne steif schlagen und unter die Quarkmasse heben.

8 Die Torte mit dem Zitronen-Sahne-Quark toppen und mit Zitronen-Zesten und etwas Zitronenmelisse dekorieren.

Johannisbeer-Buttermilch-Torte mit Mandelbaiser

FÜR 12 STÜCKE

RÜHRTEIG
1 Bio-Zitrone
200 g weiche Butter
200 g Zucker
Salz
3 Eier (Größe M)
120 g Weizenmehl
½ Pck. Backpulver
200 g gemahlene Mandeln

MANDELBAISER
3 Eiweiß (Größe M)
Salz
100 g Zucker
100 g gemahlene Mandeln

BUTTERMILCH-FÜLLUNG
300 g rote Johannisbeeren
1 Bio-Zitrone
8 Blatt Gelatine
250 g Buttermilch
400 g Schmand
75 g Zucker
1 Pck. Vanillezucker

AUSSERDEM
1 Springform (Ø 26 cm)
1 Tortenring (Ø 26 cm)

1 Den Backofen auf 180 °C Ober-/Unterhitze vorheizen. Den Boden der Springform mit Backpapier auslegen.

2 Für den Rührteig die Zitrone heiß waschen, trocken reiben und die Schale fein abreiben. Den Saft auspressen. Die weiche Butter in einer Schüssel cremig rühren. Den Zucker und 1 Prise Salz unterrühren und so lange weiterrühren, bis eine gebundene Masse entstanden ist. Die Eier nach und nach hinzugeben und unterrühren.

3 Zitronensaft- und -schale hinzugeben und unter die Masse rühren. Mehl mit Backpulver und Mandeln mischen und kurz unter die Masse rühren. Den Teig in die Springform füllen und glatt streichen.

4 Für das Baiser die Eiweiße mit 1 Prise Salz steif schlagen. Den Zucker einrieseln lassen und weiterschlagen, bis er sich gelöst hat. Die Mandeln unterheben. Den Eischnee locker auf dem Teig verteilen. Den Kuchen im Ofen auf der mittleren Schiene etwa 50 Minuten backen. Sollte das Baiser zu dunkel werden, die Oberfläche mit Backpapier oder Alufolie abdecken.

5 Den Kuchen herausnehmen und in der Form auf einem Kuchengitter etwa 15 Minuten abkühlen lassen. Den Springformrand vorsichtig lösen, entfernen und den Kuchen auf dem Kuchengitter auskühlen lassen.

6 Für die Füllung die Johannisbeeren waschen und gut abtropfen lassen. Neun bis zehn Rispen für die Deko beiseitelegen. Die restlichen Beeren mit einer Gabel von den Rispen streichen. Die Zitrone heiß waschen, trocken reiben und die Schale fein abreiben. Den Saft auspressen.

7 In einer kleinen Schüssel die Gelatine in kaltem Wasser 5 Minuten einweichen. Buttermilch mit Schmand, Zucker, Vanillezucker, Zitronenschale und -saft in einer Rührschüssel glatt rühren. 4 EL der Creme in einen kleinen Topf geben und erhitzen. Die Gelatineblätter mit den Händen gut ausdrücken und in die heiße Creme geben und unter Rühren darin auflösen. Die Gelatine zur übrigen Creme geben und unterrühren. Die Creme etwa 15 Minuten kühl stellen, bis sie anfängt zu gelieren.

8 In der Zwischenzeit den Kuchen mit einem scharfen Messer waagerecht halbieren. Vom unteren Teil das Backpapier abziehen. Den Boden auf eine Tortenplatte setzen und einen Tortenring darumlegen. Die Beeren unter die Creme heben und die Füllung gleichmäßig auf dem Boden verteilen. Obere Kuchenhälfte mit dem Baiser daraufsetzen und leicht andrücken.

9 Die Torte für mindestens 1 Stunde kühl stellen. Vor dem Servieren Tortenring lösen und Baiser mit den beiseitegelegten Johannisbeer-Rispen verzieren.

Pfirsich-Sommertorte mit Eiswaffel

FÜR 10-12 STÜCKE

BISKUITBODEN
8 Eier (Größe M)
200 g Zucker
200 g Weizenmehl
2 gestr. TL Backpulver
2 Pck. Vanillepuddingpulver

PFIRSICHFÜLLUNG
500 g Pfirsiche aus der Dose
400 g Schlagsahne
4 TL San-apart
500 g Magerquark
250 g Mascarpone
80 g Puderzucker

BUTTERCREME
200 g weiche Butter
200 g Puderzucker
500 g Doppelrahm-Frischkäse

DEKO
1–3 TL Milch
1 Cake-Pop-Stiel
150 g orange Cake-Pop-Glasur
1 Eiswaffel
ein paar Zuckerstreusel
Zuckerperlen und Mini-Baisers oder Macarons, orange oder weiß

AUSSERDEM
1 Springform (⌀ 20 cm)
1 Spritzbeutel mit Lochtülle (⌀ 1,1 cm)

90 MIN · 40 MIN · MIND. 2 ½ STD

1 Den Backofen auf 180 °C Ober-/Unterhitze vorheizen. Den Boden der Springform mit Backpapier auslegen.

2 Für den Biskuit die Eier trennen. Die Eiweiße steif schlagen. Die Eigelbe in eine Schüssel geben und mit den Quirlen des Handrührgerätes auf höchster Stufe 1 Minute schaumig schlagen. Den Zucker unter Rühren langsam einrieseln lassen und 3 Minuten weiterschlagen. Das Mehl sieben, Backpulver und Puddingpulver untermischen und vorsichtig unter die Ei-Zucker-Masse rühren. Dann den Eischnee unterheben.

3 Den Teig in die Springform füllen und im Ofen auf der unteren Schiene 35 bis 40 Minuten backen, bis er goldgelb ist. Den Boden auf einem Kuchengitter kurz abkühlen lassen. Dann aus der Form lösen und vollständig auskühlen lassen.

4 Für die Pfirsichfüllung die Pfirsiche in ein Sieb abgießen (den Saft weggießen oder anderweitig verwenden) und in Würfel schneiden. Sahne mit San-apart steif schlagen. Quark, Mascarpone und Puderzucker gut verrühren. Sahne und Pfirsiche vorsichtig unterheben.

5 Für die Buttercreme die Butter cremig aufschlagen. Den Puderzucker sieben und löffelweise unterrühren. Den Frischkäse glatt rühren, hinzufügen und gut unterrühren. Die Creme kühl stellen.

6 Nach dem Auskühlen den Boden an der Oberfläche begradigen, also einen dünnen Deckel abschneiden und die Kuchenreste für die »Eiskugel« beiseitelegen. Restlichen Boden waagerecht teilen. Beide Böden noch einmal teilen, sodass vier Böden entstehen.

7 Zum Schichten den untersten Boden auf eine Tortenplatte (am besten drehbar) legen. Buttercreme in einen Spritzbeutel füllen und lediglich am Rand einen Ring aufspritzen. In die Mitte ein Drittel der Pfirsichfüllung geben. Zweiten Tortenboden auflegen. Erneut zuerst die Buttercreme am Rand auftragen, in die Mitte ein Drittel der Pfirsichfüllung aufstreichen. Ebenso mit dem dritten Boden verfahren.

8 Den letzten Boden auf die Torte legen und leicht andrücken. Eine dünne Schicht Buttercreme als Krümelschicht oben und seitlich mit einer Winkelpalette auftragen und glatt streichen. Die Torte für 30 Minuten in den Kühlschrank stellen.

9 In der Zwischenzeit für die Eiskugel die Kuchenkrümel in einem Schälchen mit etwas Milch mischen und zu einer Kugel formen. Cake-Pop-Stiel leicht schräg in die Kugel stechen, sodass später die Eiswaffel gut hält.

10 Die Torte aus dem Kühlschrank nehmen und die zweite Tortencreme-Schicht auftragen und glätten. Erneut mindestens 2 Stunden kühlen.

11 Für die Deko Cake-Pop-Glasur in einem Topf erwärmen. Die »Eiskugel« seitlich auf der Torte platzieren und mit der Cake-Pop-Glasur übergießen. Zusätzlich neben der Eiskugel mit einem Teelöffel etwas Glasur am Rand der Torte herunterlaufen lassen.

12 Die Eiswaffel am Rand zuerst in etwas Glasur, dann in Zuckerstreusel tauchen und auf die Eiskugel setzen. Restliche Deko auf der Torte und am Rand verteilen.

90 MIN   40 MIN   MIND. 2 ½ STD

Cassis-Nuss-Traum

FÜR 12 STÜCKE

NUSSBISKUIT
6 Eier (Größe M)
Salz
300 g Zucker
100 g Weizenmehl
1 TL Backpulver
200 g gemahlene Haselnüsse
100 g gehackte Mandeln

KÄSEFÜLLUNG
250 g Schlagsahne
100 g Doppelrahm-Frischkäse
150 g Magerquark
4 ½ Blatt Gelatine
50 g Zucker

CASSIS-TOPPING
3 ½ Blatt Gelatine
300 g schwarze Johannisbeeren
50 g Zucker

KARAMELLISIERTE MANDELN
60 g Mandelkerne
65 g Zucker

AUSSERDEM
2 Springformen (Ø 24 cm)
1 verstellbarer Tortenring

1 Backofen auf 190 °C Ober-/Unterhitze vorheizen. Die Böden der Springformen mit Backpapier auslegen. Den Rand fetten. Tipp: Du kannst die Böden auch hintereinander in einer Springform backen.

2 Für den Biskuit die Eier in eine Schüssel geben und mit den Quirlen des Handrührgerätes auf höchster Stufe in 1 Minute schaumig schlagen. 1 Prise Salz und den Zucker unter Rühren langsam einrieseln lassen und 3 Minuten weiterschlagen. Das Mehl sieben, Backpulver, Haselnüsse und Mandeln untermischen und vorsichtig unter die Eier-Zucker-Masse rühren.

3 Den Biskuit auf beide Springformen verteilen und nacheinander im Ofen auf der mittleren Schiene in 25 bis 35 Minuten goldbraun backen. Auf einem Kuchengitter 5 Minuten abkühlen lassen. Dann aus der Form lösen und auf dem Kuchengitter auskühlen lassen.

4 Für die Käsefüllung die Sahne steif schlagen. Den Frischkäse und den Quark in einer Schüssel verrühren. In einer kleinen Schüssel die Gelatine in kaltem Wasser 5 Minuten einweichen. Den Zucker und 60 ml Wasser in einem Topf erhitzen. Die Gelatineblätter mit den Händen gut ausdrücken und in die Wasser-Zucker-Lösung geben und unter Rühren darin auflösen. Die Wasser-Gelatine-Mischung unter die Käsemasse rühren. Wenn die Masse abgekühlt, aber noch flüssig ist, die Sahne unterheben.

5 Die Oberseite der Böden eventuell begradigen. Den ersten Boden auf eine Tortenplatte setzen. Den Tortenring drum herumstellen. Die Käsefüllung auf den Tortenboden geben. Den zweiten Boden als Deckel darauflegen und die Torte für etwa 2 Stunden kühl stellen.

6 Für das Topping Gelatine in kaltem Wasser 5 Minuten einweichen. Johannisbeeren waschen und von den Rispen streifen. In einem Topf mit Zucker erwärmen, bis sie weich werden. Die Gelatine mit den Händen ausdrücken, dazugeben und unter Rühren darin auflösen. Das Cassis-Topping auf die Torte geben, glatt streichen und diese erneut etwa 1 Stunde kühl stellen.

7 Für die karamellisierten Mandeln die Mandelkerne mit einem Messer grob hacken. Den Zucker in einer Pfanne schmelzen und karamellisieren lassen. Die Mandeln hinzugeben und verrühren, bis sie ummantelt sind. Auf ein Stück Backpapier geben und fest werden lassen.

8 Die durchgekühlte Torte aus dem Ring lösen. Die Karamellmandeln mit einem Messer nochmals grob hacken und die Torte damit garnieren.

MEIN TIPP
Keine frischen schwarzen Johannisbeeren bekommen? Alternativ kannst du welche aus dem Glas nehmen — dann bitte weniger Zucker verwenden — oder eine Beerenmischung aus dem Tiefkühlfach.

Piñata-Kuchen

FÜR 12 STÜCKE

BISKUITBÖDEN
300 g Zucker
400 g Butter
Salz
8 Eier (Größe M)
300 g Weizenmehl
150 g Speisestärke
2 TL Backpulver

ERDBEERCREME
125 g Speisequark
(40 % Fett)
2 EL Zitronensaft
2 Beutel Gelatine fix
50 g Zucker
1 Pck. Vanillezucker
300 g Schlagsahne
125 g Erdbeeren

LINSENFÜLLUNG UND DEKO
300 g rosa und weiße
Schokolinsen

AUSSERDEM
2 Springformen
(Ø 20 cm)
1 Glas oder Ausstecher
(Ø 6 cm)
1 Tortenring
(Ø 20 cm)

1 Den Backofen auf 185 °C Ober-/Unterhitze vorheizen. Die Böden der Springformen mit Backpapier auslegen.

2 Für den Teig Zucker, Butter und Salz schaumig rühren. Eier nach und nach hinzugeben und unterrühren. Mehl, Stärke und Backpulver mischen und dazugeben. Alles miteinander verrühren, bis eine homogene Masse entsteht. Teig auf beide Springformen aufteilen und im Ofen zusammen 40 bis 45 Minuten backen (alternativ hintereinander backen). Gegen Ende der Backzeit eine Stäbchenprobe machen. Böden auf einem Kuchengitter kurz abkühlen lassen. Dann aus den Formen lösen und auskühlen lassen.

3 In der Zwischenzeit für die Erdbeercreme den Quark und den Zitronensaft verrühren. Einen Beutel Gelatine fix einstreuen und unterrühren. Den Zucker und den Vanillezucker unterrühren. Die Sahne mit dem restlichen Gelatine fix steif schlagen und unter die Quarkmasse heben. 4 bis 5 EL der Creme zum Einstreichen der Torte beiseitelegen. Die Erdbeeren waschen, putzen und in einer Schüssel pürieren. Mit der restlichen Creme verrühren. Auch davon 4 bis 5 EL zum Einstreichen beiseitestellen.

4 Die ausgekühlten Tortenböden jeweils einmal waagerecht durchschneiden. Die Oberseite eventuell gerade abschneiden, falls sie beim Backen rundlich aufgegangen ist. Bei drei Tortenböden jeweils ein Loch von etwa 6 cm mittig ausstechen. Ersten Boden mit Loch auf eine Tortenplatte legen. Den Tortenring darumlegen. Etwas Erdbeercreme auf dem Tortenboden verteilen. Zweiten Boden darauflegen und so weitermachen, bis nur noch der Boden ohne Loch übrig ist.

5 Einige Schokolinsen für die Deko beiseitestellen. Die restliche Linsen in das Loch im Kuchen füllen und den letzten Boden daraufsetzen. Die Torte mindestens 3 Stunden kühl stellen.

6 Den Tortenring vorsichtig lösen und entfernen. Die Oberseite der Torte mit weißer Creme einstreichen, die Seiten mit Erdbeercreme. Mit Schokolinsen dekorieren und die Torte erneut mindestens 1 Stunde kühl stellen.

Puppentorte »Prinzessin«

FÜR 16 STÜCKE

BÖDEN
250 g Butter
450 g Zucker
1 Prise Salz
6 Eier (Größe M)
380 g Weizenmehl
1½ TL Backpulver

MANGOPUDDING
250 g frisches oder tiefgekühltes
Mangofruchtfleisch
1½ EL Zucker
22 g Sahne-Puddingpulver
4 EL Zitronensaft

SCHOKO-CRUNCH
1 Handvoll gepuffter Dinkel
1 Handvoll Knallbrause
110 g weiße Kuvertüre

HEIDELBEER-FROSTING
350 g Heidelbeeren
22 g Sahne-Puddingpulver
300 g weiße Kuvertüre
250 g Butter
675 g Doppelrahm-Frischkäse
Lebensmittelfarbe nach Wunsch

AUSSERDEM
2 Springformen oder Backringe (Ø 14 cm)
1 Metallschüssel (Ø 12 cm)
1 Spielzeugpuppe
2 Spritzbeutel mit Lochtülle (Ø ca. 1,1 cm)
und Sterntülle (Ø ca. 1,3 cm)

1½ STD   30 MIN   3–4 STD

1 Den Backofen auf 190 °C Ober-/Unterhitze vorheizen. Die Böden der Springformen und die Metallschüssel einfetten.

2 Für die Böden Butter mit Zucker und Salz in einer Schüssel cremig aufschlagen. Die Eier nach und nach hinzugeben und unterrühren. Das Mehl und das Backpulver mischen und unter die Butter-Eier-Mischung rühren. Den Teig auf die Springformen und die Schüssel verteilen und auf der mittleren Schiene etwa 30 Minuten im Ofen backen. Kurz vor Ende der Backzeit die Stäbchenprobe machen. Den Kuchen auf einem Kuchengitter abkühlen lassen.

3 Für den Mangopudding die Mango pürieren, zusammen mit dem Zucker in einen Topf geben und langsam erhitzen. Das Puddingpulver mit dem Zitronensaft verrühren, zum Mangopüree geben und unter Rühren zum Kochen bringen. Den angedickten Mangopudding kühl stellen.

4 Für den Schoko-Crunch den gepufften Dinkel mit der Knallbrause in einer Schüssel verrühren. Die Kuvertüre hacken und in einer Metallschüssel über dem heißen Wasserbad unter Rühren schmelzen. Die Kuvertüre zu den anderen Zutaten geben und alles gut miteinander verrühren. Die Masse auf ein Stück Backpapier geben, mit Backpapier bedecken und mit einer Teigrolle dünn ausrollen. Die Kuvertüre fest werden lassen, dann zu Schoko-Crunch klein hacken.

5 Für das Heidelbeer-Frosting die Beeren verlesen, waschen und trocken tupfen. Die Beeren pürieren und in einem Topf aufkochen. In einem Schälchen das Puddingpulver mit 2 bis 3 EL Püree verrühren. Zum Püree in den Topf geben und nochmals aufkochen lassen. Die Masse kühl stellen. Die Kuvertüre hacken und in einer Metallschüssel über dem heißen Wasserbad schmelzen. Die Butter mit dem Frischkäse in einer Schüssel verrühren, die geschmolzene Kuvertüre hinzugeben und zu einer Creme verrühren. Den Heidelbeerpudding unterrühren. Das Frosting nach Belieben mit Lebensmittelfarbe einfärben und kühl stellen.

6 Die Böden jeweils waagerecht durchschneiden. Die Springformböden bilden den unteren Teil, die runde Form (Metallschüssel) den oberen Teil des Rockes. Mit einem Glas oder einer runden Ausstechform jeweils ein Loch in der Mitte der Böden ausstechen, damit die Puppe später hineinpasst.

7 Zum Schichten der Torte den ersten Boden auf eine drehbare Platte legen. Etwa ein Drittel vom Frosting für die Röschen des Kleides beiseitestellen. Den Mangopudding und das übrige Heidelbeer-Frosting jeweils in Spritzbeutel mit Lochtülle füllen. Abwechselnd Frosting und Pudding in Kreisen aufspritzen, dabei mit dem Frosting am äußeren Rand beginnen. Die Füllung mit Schoko-Crunch bestreuen und den nächsten Boden auflegen. So weitermachen, bis alle Böden aufgelegt und die Füllungen aufgebraucht sind. Die Torte mindestens 2 Stunden kühl stellen.

8 Zur Fertigstellung der Torte die Beine der Spielzeugpuppe mit Frischhaltefolie umwickeln und in die Mitte der Torte stecken. Das übrige Frosting in einen Spritzbeutel mit Sterntülle füllen und damit kleine Röschen als Kleid aufspritzen. Die Puppentorte erneut für 1 bis 2 Stunden kühl stellen.

MEIN TIPP
Du willst die Puppentorte zum Geburtstag zubereiten? Dann hast du mit der Barbie in der Mitte noch eine tolle Überraschung, die nach dem Essen als Geschenk bleibt.

1½ STD 30 MIN 3-4 STD

Heart Cake

FÜR CA. 12 STÜCKE

MÜRBETEIG
380 g Weizenmehl
1 TL Backpulver
200 g weiche Butter
160 g Zucker
1 Pck. Vanillezucker
1 Ei (Größe M)

FRISCHKÄSECREME
400 g Doppelrahm-Frischkäse
240 g Mascarpone
140 g weiche Butter
140 g Puderzucker
Saft von ½ Zitrone
3 TL Erdbeer-Fruchtpulver
oder pinke Lebensmittelfarbe

DEKO
2 Handvoll Erdbeeren
und/oder Himbeeren
Süßigkeiten, Perlen, Streusel
und Gebäck deiner Wahl

AUSSERDEM
2 Spritzbeutel mit Lochtülle
(Ø 1,1 cm)
Backblech (ca. 42 × 30 cm)
Herzschablone (ca. 25 cm)

1 Für den Mürbeteig das Mehl in eine Schüssel sieben. Das Backpulver untermischen. Butter, Zucker, Vanillezucker und Ei dazugeben und alles zu einem glatten Teig verkneten. Den Teig halbieren, flach drücken und in Frischhaltefolie wickeln. 3 Stunden im Kühlschrank ruhen lassen.

2 In der Zwischenzeit für die Creme Frischkäse, Mascarpone und Butter cremig rühren. Puderzucker unterrühren. Den Zitronensaft kurz unterrühren. Die Creme halbieren und eine Hälfte mit Erdbeerpulver oder Lebensmittelfarbe verrühren, bis sie schön pink gefärbt ist. Beide Cremes in Spritzbeutel füllen und kühl stellen.

3 Den Backofen auf 190 °C Ober-/Unterhitze vorheizen. Ein Backblech mit Backpapier auslegen. Eine Herzform aus Papier ausschneiden. Vorlagen zum Ausdrucken (Herzschablone) findest du im Internet. Denk dran: Aus dem größeren Herz wird innen ein kleineres ausgeschnitten!

4 Die erste Hälfte des Teigs auf einer bemehlten Arbeitsfläche ausrollen. Tipp: Zwei Holzspieße rechts und links vom Teig dienen zur Orientierung, ob du beide Teige gleich groß ausrollst. Passt die Herzform auf den Teig, kommt er für 5 Minuten in den Kühlschrank. Danach das Herz ausschneiden und den restlichen Teig zur anderen Hälfte geben.

5 Den zweiten Teig ausrollen, erneut 5 Minuten kühlen und das zweite Herz ausschneiden. Beide Herzen aufs Backblech legen und im Ofen auf der mittleren Schiene 10 bis 12 Minuten backen. Wichtig: Die Herzen sollen noch schön hell sein!

6 Zum Dekorieren Beeren waschen und putzen. Die Süßigkeiten bereitstellen. Erstes Keksherz auf eine Tortenplatte legen und mit pinken Cremetupfen in etwa drei Reihen verzieren. Zweites Herz auflegen und die weiße Creme in Tupfen aufspritzen. Zuletzt nach Lust und Laune mit Deko verzieren. Bis zum Servieren kühl stellen.

MEIN TIPP
Als Deko eignen sich Mini-Baiser, Marshmallows, Zuckerdeko, Streusel-Mix, Schaumerdbeeren, Schaumpilze, Traubenzuckerherzen, Brauseherzen, Schokolinsen oder essbare Blüten. Übrigens funktioniert mein Rezept auch als Letter oder Number Cake.

White Chocolate Mocha Cake

FÜR 12 STÜCKE

MOKKASIRUP
200 ml starker Kaffee
60 g brauner Zucker

KAFFEEBÖDEN
250 g Weizenmehl
220 g brauner Zucker
Salz
2 TL Backpulver
250 g Butter
4 Eier (Größe L)

TRÄNKE
100 ml flüssiger Espresso
oder starker Kaffee
100 ml Kaffeelikör

FÜLLUNG & ESPRESSOCREME
500 g Mascarpone
75 g Puderzucker
1 TL Vanilleextrakt
500 g Schlagsahne
2 Pck. Sahnesteif
50 g weiße Raspelschokolade
oder geraspelte Kuvertüre

TOPPING
120 g weiße Kuvertüre
12 Mokkabohnen

AUSSERDEM:
2 Springformen (Ø 16–18 cm)
1 Einwegspritzbeutel mit Sterntülle
(Ø ca. 1,5 cm)

1 Für den Mokkasirup Kaffee und Zucker in einem Topf mischen und 15 Minuten köcheln lassen. Die Flüssigkeit dickt dabei ein.

2 Den Backofen auf 170 °C Ober-/Unterhitze vorheizen. Die Böden der Springformen mit Backpapier auslegen und die Ränder einfetten.

3 Für die Kaffeeböden Mehl in eine Schüssel sieben. Zucker, 2 Prisen Salz und Backpulver dazugeben und vermischen. Butter in Würfeln, Eier und zwei Drittel des Mokkasirups dazugeben und zu einem glatten Teig verrühren. Auf beide Springformen gleichmäßig verteilen und im Ofen auf der mittleren Schiene etwa 45 Minuten backen. Kurz vor Ende der Backzeit die Stäbchenprobe machen. Alternativ: Wer nur eine Form hat, kann die Böden hintereinander backen. Auf einem Kuchengitter abkühlen lassen, aus der Form lösen und auskühlen lassen.

4 Für die Tränke den Espresso oder Kaffee mit dem Kaffeelikör mischen. Die abgekühlten Böden an der Oberfläche begradigen und jeweils waagerecht durchschneiden. Mit der Tränke beträufeln.

5 Für die Füllung Mascarpone, Puderzucker und Vanille verrühren. Die Sahne mit dem Sahnesteif steif schlagen und unter die Mascarponecreme heben. Etwa ein Viertel der Creme mit restlichem Mokkasirup verrühren und kühl stellen.

6 Zum Schichten der Torte den ersten Boden auf eine Tortenplatte legen. Nach Wunsch einen Tortenring drum herumsetzen. 2 bis 3 EL der Füllung darauf verteilen. Mit 1 Handvoll Raspelschokolade bestreuen. Den zweiten Boden aufsetzen, mit Füllung bestreichen und mit Schokoraspel bestreuen. Ebenso mit dem dritten Boden verfahren. Den letzten Boden darauflegen und aus der restlichen Füllung eine Krümelschicht dünn aufstreichen. Die Torte mindestens 1 Stunde kühl stellen.

7 2 bis 3 EL der beiseitegestellten Espressocreme auf die Torte geben und mit einer Palette oder Teigkarte glatt streichen. Wenn sich die Füllungen mischen, entsteht ein hübscher Schlieneneffekt. Dafür nicht zu oft abziehen! Die Torte erneut mindestens 1 Stunde kühl stellen.

8 Für das Topping die weiße Kuvertüre hacken und in einer Metallschüssel über dem heißen Wasserbad unter Rühren schmelzen und dann in einen Einwegspritzbeutel füllen. Tortenring vorsichtig entfernen und zunächst etwas Kuvertüre am Rand verteilen, sodass Schokolade über den Rand läuft. Den Rest auf der Torte verteilen und glatt streichen.

9 Die restliche Espressocreme in einen Spritzbeutel mit Sterntülle füllen und zwölf Rosetten auf die Torte spritzen. Mit Mokkabohnen dekorieren.

Ombré-Torte mit bunten Erdbeeren

FÜR 12 STÜCKE

BUNTE BÖDEN
400 g weiche Butter
300 g Zucker
Salz
8 Eier (Größe M)
300 g Weizenmehl
150 g Speisestärke
2 TL Backpulver
rote oder pinke
Lebensmittelfarbe

FROSTING
400 g Butter
230 g Puderzucker
660 g Doppelrahm-Frischkäse

SCHOKO-ERDBEEREN
ca. 7–12 Erdbeeren
(siehe S. 29)

AUSSERDEM
2 Springformen (Ø 20 cm)

1 Den Backofen auf 180 °C Ober-/Unterhitze vorheizen. Die Böden der Springformen mit Backpapier auslegen.

2 Für die Biskuitböden Butter, Zucker und 1 Prise Salz schaumig rühren. Eier nach und nach hinzugeben und verrühren. Mehl, Stärke und Backpulver mischen und zur Butter-Zucker-Masse geben. Alles miteinander verrühren.

3 Teig in vier Schalen aufteilen. Mit Lebensmittelfarbe in vier Schattierungen einfärben — von hellrosa bis kräftig pink. Beide Springformen mit jeweils einem Teig füllen und jeweils zwei Böden im Ofen auf der mittleren Schiene in 20 bis 25 Minuten backen. Rechtzeitig eine Stäbchenprobe machen. Die Böden auf ein Kuchengitter stellen und 5 Minuten abkühlen lassen. Dann aus der Form lösen und auf ein Kuchengitter geben.

4 Die zwei weiteren Böden ebenso backen. Bei nur einer Form alle Böden hintereinander backen. Die Böden vollständig auskühlen lassen.

5 In der Zwischenzeit für das Frosting die Butter in kleine Stücke schneiden und in einer Schüssel mit dem Puderzucker verrühren, bis die Masse hellcremig wird. Nach und nach den Frischkäse hinzugeben und zu einer Creme verrühren.

6 Zum Zusammensetzen der Torte den dunkelsten Boden auf eine Tortenplatte legen. Etwa 2 EL Frosting daraufgeben und dünn verstreichen. Zweiten Tortenboden auflegen und ebenfalls mit der Creme bestreichen. Auf dieselbe Weise dritten und vierten Tortenboden auflegen. Torte rundherum dünn mit der Creme einstreichen. Die Torte 40 Minuten kühl stellen.

7 In der Zwischenzeit die Schoko-Erdbeeren als Deko vorbereiten (siehe S. 29). Erdbeer-Deko aushärten lassen und zum Servieren mittig auf der Torte platzieren.

MEIN TIPP
Für ein exaktes Ergebnis kannst du auch bei dieser Torte zum Schichten einen Tortenring verwenden.

Fruchtpunsch-Poke-Cake

FÜR 6 STÜCKE

KOKOSTEIG
6 Eier (Größe M)
300 g Zucker
Salz
270 ml Sonnenblumenöl
200 ml cremige Kokosmilch
450 g Weizenmehl
1½ Pck. Backpulver (24 g)
75 g Kokosraspel

PUNSCHFÜLLUNG
5 Blatt Gelatine
100 ml Mangosaft
10 g Rohrohrzucker
300 ml Maracujasaft
6 EL Rum oder Rumaroma
2 TL Grenadine-Sirup
orange Lebensmittelfarbe

TOPPING UND DEKO
400 g Schlagsahne
2 TL Zucker
1 Pck. Sahnesteif
6 Physalis

AUSSERDEM
1 quadratische Backform
(20 × 20 cm)
1 Spritzbeutel mit Lochtülle
(Ø ca. 0,7 cm)

1 Den Backofen auf 180 °C Umluft vorheizen. Die Backform einfetten und mit zwei sich überkreuzenden Streifen Backpapier in den Maßen 20 × 40 cm auskleiden.

2 Für den Teig Eier, Zucker und 1 Prise Salz in 10 Minuten schaumig schlagen. Das Öl gleichmäßig unter ständigem Rühren unter die Masse schlagen. Dann die Kokosmilch nur kurz auf niedrigster Stufe unterrühren. Das Mehl mit dem Backpulver sieben und mit einem Teigschaber vorsichtig unterheben. Nun die Kokosraspel unterheben. Den Teig in die Form füllen und den Kokoskuchen im Ofen auf der mittleren Schiene 50 bis 60 Minuten backen.

3 Den Kuchen in der Form auf einem Kuchengitter 5 Minuten abkühlen lassen. Dann aus der Form stürzen, das Backpapier abziehen, den Kuchen wieder umdrehen und vollständig auskühlen lassen.

4 In der Zwischenzeit für die Punschfüllung in einer kleinen Schüssel die Gelatine in kaltem Wasser 5 Minuten einweichen. Den Mangosaft mit Rohrohrzucker im Topf erwärmen. Die Gelatine mit den Händen ausdrücken und in dem Saft unter Rühren auflösen. Maracujasaft, Rum und Grenadine-Sirup unterrühren. Mit etwas Lebensmittelfarbe bis zur gewünschten Intensität einfärben. Die Masse in eine Auflaufform füllen und für 15 Minuten ins Gefrierfach, dann in den Kühlschrank stellen.

5 Mit einem Messer die Oberseite des Kuchens zu einer glatten Fläche ohne Randschicht zurechtschneiden. Mit dem Stiel eines Kochlöffels alle 2,5 cm Löcher in den Teig stechen, nicht bis zum Boden, sondern etwa 2 cm davor. Tipp: Eine Markierung am Kochlöffel anbringen, z. B. mit einem Gummiband, damit die Löcher gleichmäßig tief werden.

6 Zum Füllen des Kuchens die Fruchtpunsch-Masse in einer Schüssel mit einem Stabmixer kurz durchrühren. Die Masse in einen Spritzbeutel mit Lochtülle geben und die Löcher im Kuchen damit befüllen. Die restliche Masse auf dem Kuchen verteilen und glatt streichen. Den Kuchen für mindestens 1 Stunde kühl stellen.

7 Für das Topping die Sahne mit Zucker und Sahnesteif steif schlagen. Dann die Sahne auf den kalten Kuchen geben und mit einer Winkelpalette glatt streichen.

8 Ein großes Messer in heißes Wasser tauchen und die Ränder an allen vier Seiten abschneiden, sodass die Punschfüllung zu sehen ist. Den Kuchenblock halbieren und dann jede Hälfte in drei Stücke schneiden. Idealerweise ist an den Schnittflächen die Füllung zu sehen.

9 Für die Deko die Blätter der Physalis jeweils auffächern, sodass die Frucht wie eine kleine Palme aussieht. Einen kleinen Deckel abschneiden und auf jedes Kuchenstück eine Physalis setzen.

Zitronen-Fault-Line-Cake

FÜR 16 STÜCKE

BISKUITBÖDEN
400 g weiche Butter
300 g Zucker
Salz
8 Eier (Größe M)
300 g Weizenmehl
150 g Speisestärke
2 TL Backpulver

MANGOPUDDING
1 Mango (ca. 400 g)
oder ca. 300 g Mangopüree
1 Pck. Vanillepuddingpulver

FROSTING
650 g Butter
320 g Puderzucker
900 g Doppelrahm-Frischkäse

ZITRONEN-BASILIKUM-MISCHUNG
2 Bio-Zitronen
1 großes Bund Basilikum
2 EL Zucker

DEKO
5 Bio-Zitronen
hochprozentiger Alkohol
Goldpulver
Blätter aus dem Garten
Blattgoldflocken

AUSSERDEM
2 Springformen (Ø 18 cm)
2 Spritzbeutel

1 ½ STUNDEN | 50 MIN | MIND. 2 STD

1 Backofen auf 180 °C Ober-/Unterhitze vorheizen. Die Böden der Springformen mit Backpapier auslegen.

2 Für die Biskuitböden Butter, Zucker und Salz schaumig rühren. Eier nach und nach hinzugeben und verrühren. Mehl, Stärke und Backpulver mischen und zur Butter-Zucker-Masse geben. Alles miteinander verrühren, bis eine homogene Masse entsteht. Teig auf beide Springformen verteilen (alternativ hintereinander backen). 40 bis 45 Minuten im Ofen backen. Rechtzeitig eine Stäbchenprobe machen. Böden auf einem Kuchenrost auskühlen lassen.

3 Für den Mangoppudding die Mango schälen, das Fruchtfleisch auf der flachen Seite vom Stein schneiden und in kleine Würfel schneiden. Das Mangofruchtfleisch mit einem Stabmixer pürieren. Das Püree in einem Topf aufkochen. Etwas Püree in eine Schüssel geben und mit dem Puddingpulver verrühren. Diese Mischung zum Püree in den Topf geben und unter Rühren nochmals aufkochen lassen. Anschließend mit Frischhaltefolie abdecken, abkühlen lassen und kühl stellen.

4 Für das Frosting die Butter in Stücken mit dem Puderzucker verrühren, bis die Masse hell wird. Nach und nach Frischkäse hinzugeben und zu einer Creme verrühren. Das Frosting in ein Drittel zum Bestreichen und zwei Drittel für die Füllung aufteilen.

5 Für die Basilikum-Zitronen-Mischung die Zitronen heiß waschen, trocken reiben und die Schale abreiben. Den Saft auspressen. Das Basilikum waschen, trocken schütteln, die Blätter abzupfen und in einen Rührbecher geben. Zitronenschale, -saft und Zucker dazugeben und mit einem Stabmixer pürieren. Zwei Drittel des Frostings dazugeben und alles miteinander verrühren.

6 Die ausgekühlten Böden obenauf begradigen und jeweils zweimal durchschneiden, sodass insgesamt sechs Böden entstehen. Mangopudding und Zitronen-Basilikum-Frosting jeweils in einen Spritzbeutel füllen.

7 Zum Schichten der Torte einen Boden auf eine Tortenplatte legen. Mit dem Frosting zwei Kreise auf den Boden spritzen, einen außen und einen mittig. Den Mangopudding in die Mitte des inneren Kreises und zwischen die Kreise spritzen. Nächsten Boden auflegen, leicht andrücken und mit den übrigen Zutaten genauso weiter verfahren. Letzten Boden auflegen und die Torte mind. 2 Stunden (oder über Nacht) kühl stellen.

Wichtig: Etwas vom Zitronen-Basilikum-Frosting für die Krümelschicht zurückbehalten.

8 Torte mit dem übrigen Zitronen-Basilikum-Frosting einstreichen, sodass eine klare Form entsteht. Erneut kühl stellen.

9 Für die Dekoration 3 Zitronen heiß waschen, trocken reiben und in dünne Scheiben schneiden. Mittig an der Seite der Torte einen Streifen vom hellen Frosting auftragen. Zitronenscheiben rundherum auflegen und andrücken. Die restlichen Scheiben vierteln und in die Lücken drücken, sodass ein Zitronenstreifen entsteht.

10 Auf der Torte sowie ober- und unterhalb des Streifens Frosting dick aufspritzen. Mit einer Palette die Tortendecke glatt streichen. Eine Teigkarte seitlich an der unteren Schicht ansetzen und diese glatt streichen, indem die Torte gedreht wird. Ebenso mit der oberen Schicht verfahren. Die Kante zu den Zitronen kann ruhig wellig sein, da die Torte wie aufgebrochen aussehen soll. Die Torte kühl stellen.

11 Die restlichen 2 Zitronen heiß waschen, trocken reiben und in dünne Scheiben sowie Stücke schneiden. In einem kleinen Schälchen 1 Schuss Alkohol mit ½ TL Goldpulver mischen. Mit einem Pinsel die Aufbruchkanten zur Zitronenschicht gold verzieren. Die Torte mit Zitronen, Blättern und Goldflocken garnieren.

1 ½ STD 50 MIN MIND. 2 STD

Himbeer-Baiser-Kuppel

FÜR 12 STÜCKE

NUSSBODEN-RÜHRTEIG
100 g weiche Butter
75 g Zucker
Salz
2 Eier (Größe M)
75 g Weizenmehl
30 g gehackte Mandeln
30 g gemahlene Mandeln
½ TL Backpulver

HIMBEER- UND PISTAZIENCREME
230 g Himbeeren
150 g Schlagsahne
135 g Doppelrahm-Frischkäse
400 g Magerquark
7 Blatt Gelatine
100 g Zucker
60 g Zitronensaft
80 g ungesalzene Pistazienkerne

BAISER-KUPPEL
150 g Eiweiß
150 g Zucker

AUSSERDEM
1 Springform (Ø 20 cm)
1 Metallschüssel (Ø 20 cm)
2 Metallschüsseln (Ø 12 cm)
1 Spritzbeutel mit Sterntülle (Ø ca. 1,4 cm)
Flambierbrenner

1 Den Backofen auf 190 °C Ober-/Unterhitze vorheizen. Den Boden der Springform mit Backpapier auslegen.

2 Für den Rührteig die weiche Butter in einer Schüssel cremig rühren. Den Zucker und 1 Prise Salz unterrühren und so lange weiterrühren, bis eine gebundene Masse entstanden ist. Die Eier nach und nach hinzugeben und unterrühren. Mehl, Mandeln und Backpulver mischen und kurz unterrühren. Dabei nicht mehr länger rühren als nötig. Den Teig in die Springform füllen und im Ofen auf der mittleren Schiene 15 bis 20 Minuten backen. Auf einem Kuchengitter kurz abkühlen lassen. Dann aus der Form lösen und auskühlen lassen.

3 Die Himbeeren verlesen und waschen. 1 Handvoll beiseitelegen. 200 g Himbeeren mit einem Stabmixer pürieren und durch ein Sieb streichen.

4 Für die beiden Cremes die Sahne steif schlagen und kühl stellen. In einer Schüssel den Frischkäse und den Quark verrühren. In einer kleinen Schüssel die Gelatine in kaltem Wasser 5 Minuten einweichen. In einem kleinen Topf den Zucker mit dem Zitronensaft erhitzen. Die Gelatine mit den Händen ausdrücken, dazugeben und unter Rühren darin auflösen. Den Zitronen-Gelatine-Mix unter die Quark-Frischkäse-Masse rühren. Wenn die Masse abgekühlt, aber noch flüssig ist, die Sahne unterheben.

5 Die Creme halbieren. Eine Hälfte mit Himbeerpüree und Himbeeren mischen. Für die Pistaziencreme die Pistazien und 2 bis 3 EL der Creme mit einem Stabmixer zu einem Pistazienmus pürieren. Dieses Püree unter die restliche Creme rühren.

6 Je eine große und kleine Metallschüssel auf der Innenseite mit Trennspray einsprühen oder leicht fetten und mit Frischhaltefolie auslegen. Zweite kleine Schüssel außen mit Frischhaltefolie beziehen.

7 Die Himbeercreme in die große Schüssel füllen (nicht ganz voll). Die Schüssel mit der Frischhaltefolie außen in die Masse drücken, sodass eine Kuhle entsteht und die Form nun gefüllt ist. Die Pistaziencreme in die weitere kleine Schüssel füllen. Alles für 2 Stunden ins Gefrierfach stellen.

8 Durchgehärtete Cremes aus dem Gefrierfach nehmen. Schüssel aus der Himbeercreme lösen. Pistaziencreme aus der Schüssel lösen und in die Himbeercreme drücken.

9 Den Rührteigboden auf die Cremes auflegen. Die Torte erneut für mindestens 1 Stunde ins Gefrierfach geben.

10 Für die Baiserkuppel die Eiweiße schaumig schlagen. Den Zucker langsam einrieseln lassen und zu einem standfesten Schaum schlagen. Den Eischnee in einen Spritzbeutel mit Sterntülle füllen und zeitnah verarbeiten.

11 Die durchgekühlte Torte aus der Schüssel auf eine Tortenplatte stürzen. Baiser-Rosetten auf die Oberfläche der Torte aufspritzen. Baiser mit einem Flambierbrenner goldbraun abflämmen.

Asiatische Sticky-Rice-Tarte

FÜR 12 STÜCKE

SCHOKO-KOKOS-MÜRBETEIG
400 g Weizenmehl
30 g dunkles Kakaopulver
oder Backkakao
40 g Kokosraspel
250 g weiche Butter
130 g Puderzucker
Salz
4 Eiweiß (Größe M, 80 g)

STICKY-RICE-FÜLLUNG
200 g Sushi-Reis
800 ml Kokosmilch
30 g Zucker
1 Pck. Vanillezucker
1 TL geriebene
Bio-Zitronenschale
1 Tonkabohne oder
1 TL Tonkabohnenpaste

MANDEL-SCHOKO-CRUNCH
80 g weiße Schokolade
15 g Schlagsahne
100 g Mandelstifte

LYCHEE-GELEE
300 ml Lycheesaft
oder -nektar
1 Pck. klarer Tortenguss

AUSSERDEM
1 Tarteform (Ø 30 cm)
ca. 300 g getrocknete
Hülsenfrüchte zum Blindbacken

1 Für den Mürbeteig das Mehl und den Kakao in eine Schüssel sieben. Die Kokosraspel untermischen. Butter, Puderzucker, 1 Prise Salz und Eiweiße dazugeben und alles zu einem glatten Teig verkneten. Den Teig zu einer Kugel formen, flach drücken, in Frischhaltefolie wickeln und 1 Stunde kühl stellen.

2 Die Tarteform leicht einfetten. Den Teig auf leicht bemehlter Arbeitsfläche 2 bis 3 mm dick rund (Ø 35 cm) ausrollen. In die Tarteform geben, den Rand andrücken und eventuell überstehenden Teig abschneiden. Den Boden erneut 30 Minuten kühl stellen.

3 In der Zwischenzeit den Backofen auf 190 °C Umluft vorheizen. Den Mürbeteigboden mit Backpapier belegen, mit Hülsenfrüchten auffüllen und im Ofen auf der mittleren Schiene 8 Minuten blindbacken. Herausnehmen und das Backpapier mit den Hülsenfrüchten entfernen. Die Tarte weitere 8 bis 12 Minuten backen. Die Tarte auf einem Kuchengitter auskühlen lassen.

4 Für die Sticky-Rice-Füllung Sushi-Reis in einer Schüssel mit kaltem Wasser bedecken und mit den Händen leicht kreisend 1 bis 2 Minuten waschen. Das Wasser abgießen und den Vorgang wiederholen, bis das Wasser klar bleibt. Den Reis in einem Sieb abtropfen lassen. Kokosmilch, Zucker, Vanillezucker, Zitronenschale und Reis in einen Topf geben und einmal aufkochen. 1 Minute kochen lassen, dann bei schwacher Hitze etwa 20 Minuten quellen lassen, bis die Flüssigkeit verdampft ist und der Reis noch Biss hat.

5 Etwa ein Drittel der Tonkabohne mit einer feinen Reibe zum Reis reiben bzw. die Tonkabohnenpaste hinzugeben. ¼ l Wasser unterrühren und weitere 2 bis 5 Minuten köcheln lassen. Die Sticky-Rice-Füllung mit Folie abdecken und kühl stellen.

6 Für den Mandel-Schoko-Crunch die Schokolade hacken und in einer Metallschüssel über dem heißen Wasserbad unter Rühren schmelzen. Die Sahne und die Mandeln dazugeben. Ein Backblech mit Backpapier auslegen. Die Schoko-Mandel-Masse daraufstreichen und fest werden lassen.

7 Erkaltete Sticky-Rice-Füllung auf der Tarte verteilen und glatt streichen.

8 Für das Lychee-Gelee den Saft und das Tortenguss-Pulver in einem Topf verrühren und unter Rühren zum Kochen bringen. Den Guss 3 bis 4 Minuten abkühlen lassen, dann über die Tarte gießen und durch Bewegen der Tarteform gleichmäßig verteilen bzw. mit einem Löffel glatt streichen. Fest werden lassen. Bis zum Servieren kühl stellen.

9 Die Tarte aus der Form lösen. Den Mandel-Schoko-Crunch mit einem Messer in grobe Stücke teilen und die Tarte damit dekorieren.

Sarahs Geburtstagstorte

FÜR CA. 12 STÜCKE

BÖDEN
600 g Butter
450 g Zucker
Salz
12 Eier (Größe M)
450 g Weizenmehl
225 g Speisestärke
3 TL Backpulver

HIMBEER-PUDDING
300 g Himbeeren
22 g Sahne-Puddingpulver

BASIS-FROSTING
640 g Butter
320 g Puderzucker
3 EL Zitronensaft
900 g Doppelrahm-Frischkäse

BROMBEER-EINLAGE
200 g tiefgekühlte Brombeeren
40 g Zucker

EIWEISSSPRITZGLASUR
50 g Puderzucker
9 g Eiweiß

DEKO
450 g weißer Fondant
blaue Lebensmittelfarbe
250 g Isomalt
Blattgoldflocken
Goldpuder
einige frische Beeren nach Belieben

AUSSERDEM
Backmatte
3 Springformen (Ø 16 cm)
1 Spritzbeutel mit Lochtülle (Ø 1,1 cm)

110 MIN | 30 MIN | 3 STD

1 Den Backofen auf 185 °C Ober-/Unterhitze vorheizen. Die Springformen fetten bzw. mit Backpapier auslegen.

2 Für die Böden die Butter mit Zucker und 1 Prise Salz in einer Schüssel schaumig rühren. Die Eier nach und nach hinzugeben und unterrühren. Mehl, Stärke und Backpulver sieben, mischen, zur Butter-Zucker-Masse geben und alles miteinander verrühren, bis eine homogene Masse entsteht. Den Teig auf die drei Springformen verteilen. Die Böden im Ofen auf der mittleren Schiene etwa 30 Minuten backen. Alternativ die Böden hintereinander backen und jeweils in der Springform auf dem Kuchengitter auskühlen lassen.

3 Für den Himbeer-Pudding die Himbeeren verlesen, waschen, trocken tupfen und in eine Schüssel geben. Die Beeren mit einem Stabmixer pürieren und durch ein Sieb streichen. Das Puddingpulver mit 1 bis 2 EL Himbeerpüree glatt rühren und kurz zur Seite stellen. Das restliche Püree in einem Topf erhitzen. Die Püree-Pudding-Mischung dazugeben und alles unter ständigem Rühren zu einem Pudding abbinden. Den fertigen Pudding bis zur Weiterverarbeitung mit Folie bedeckt kühl stellen.

4 Für das Basis-Frosting die Butter mit Puderzucker und Zitronensaft verrühren. Nach und nach den Frischkäse hinzugeben und alles zu einer Creme verrühren. Das Frosting in ein Drittel und zwei Drittel aufteilen und die kleinere Menge bis zur Weiterverarbeitung beiseitestellen.

5 Zu den zwei Drittel des Basis-Frostings den ausgekühlten Himbeer-Pudding geben, alles miteinander verrühren und vorerst auf die Seite stellen.

6 Für die Brombeer-Einlage die angetauten Früchte in einen Topf geben, mit dem Zucker erhitzen und unter ständigem Rühren etwas einkochen lassen. Die Einlage bis zur Weiterverarbeitung kühl stellen.

7 Zum Schichten der Torte die ausgekühlten Böden je einmal durchschneiden, sodass insgesamt sechs Böden entstehen. Das Himbeer-Frosting in einen Spritzbeutel füllen. Jeden Boden mit dem Frosting ringförmig mit Abstand befüllen und die Zwischenräume mit der Brombeer-Einlage auffüllen. Den letzten Boden als Deckel auflegen. Die Torte anschließend für etwa 2 Stunden kühl stellen.

8 Die durchgekühlte Torte mit dem übrigen Basis-Frosting komplett glatt einstreichen. Erneut etwa 1 Stunde kühl stellen.

9 Für die Eiweißspritzglasur den Puderzucker mit dem Eiweiß verrühren und zeitnah weiterverarbeiten.

10 Für die Dekoration der Torten den Fondant in Marmoroptik in verschiedenen Blautönen einfärben und ausrollen. Die Torte damit sauber eindecken (siehe Tipps S. 18/19).

11 Isomalt in einem Topf schmelzen lassen und blau einfärben. Den Zucker in die gewünschte Form bringen (siehe Tipp S. 24) und auskühlen lassen.

12 Mit dem Goldpuder Akzente an der Torte setzen. Die Isomaltdeko mit der Eiweißspritzglasur an der Torte anbringen, frische Beeren auflegen und letzte Details mit Blattgoldflocken ausdekorieren.

Tiramisu-Waffel-Torte

FÜR CA. 8 STÜCKE

WAFFELTEIG
6 Eier (Größe L)
Salz
150 g Zucker
1 TL Vanilleextrakt
190 g Weizenmehl
½ TL Backpulver

FÜLLUNG
480 g Schlagsahne
225 g Mascarpone
100 g Zucker
½ TL Vanilleextrakt

TRÄNKEN UND DEKO
230 ml lauwarmer Espresso
Backkakao
Schokoladenspäne

AUSSERDEM
1 Waffeleisen

1 Für den Waffelteig die Eier trennen. Die Eiweiße mit 2 Prisen Salz anschlagen. 2 EL Zucker einrieseln lassen und auf höchster Stufe weiterschlagen, bis sich weiße Spitzen bilden und das Eiweiß steif ist.

2 Die Eigelbe mit dem restlichen Zucker in einer Schüssel in 1 bis 2 Minuten schaumig schlagen. Das Vanilleextrakt unterrühren. Mehl und Backpulver mischen und unterrühren. Den Eischnee dazugeben und nur kurz unterrühren.

3 Das Waffeleisen erhitzen und leicht einfetten, dabei die Herstelleranleitung beachten. Aus dem Teig nacheinander etwa acht goldbraune und knusprige Waffeln backen. Die Waffeln auf einem Kuchengitter auskühlen lassen.

4 Für die Füllung die Sahne steif schlagen. Den Mascarpone in eine Schüssel geben und mit Zucker und Vanilleextrakt verrühren. Die geschlagene Sahne auf niedrigster Stufe unter die Mascarponecreme rühren.

5 Zum Schichten der Torte den Espresso in einen tiefen Teller geben. Die erste Waffel mit dem Boden in den Espresso tunken und auf eine Tortenplatte legen. Die Waffel mit einem großzügigen Löffel der Füllung bestreichen. Nächste Waffel in den Espresso tunken, auflegen und mit Füllung bestreichen. Die oberste Waffel zunächst mit der restlichen Füllung toppen, dann mit Kakao bestäuben und mit Schokospänen garnieren.

MEIN TIPP
Ich verwende gerne ein Waffeleisen für runde belgische Waffeln. Du kannst aber auch Herzwaffeln für deine Torte nehmen.

Süße Kleinigkeiten

KLEIN, ABER OHO!
Ihr wollt eure Kaffeetafel versüßen, mit der Familie picknicken oder im Büro Dankeschön sagen? Kleingebäck lässt sich einfach backen und mitnehmen. Und das Beste: Genuss für Augen und Gaumen ist garantiert.

Süße Tacos mit bunter Füllung

FÜR 8 STÜCK

TACO-TEIG
4 Eier (Größe M)
Salz
80 g Zucker
1 TL Vanilleextrakt
400 g Buttermilch
400 g Weizenmehl
2 ½ TL Backpulver
Kokosöl zum Ausbacken

CREME IN BLAU UND ROSA
100 g Magerquark
200 g Doppelrahm-Frischkäse
80 g Kokosblütenzucker
60 g Heidelbeeren
blaue Lebensmittelfarbe
60 g Himbeeren
rosa Lebensmittelfarbe

AUSSERDEM
2 Spritzbeutel mit Sterntülle
(Ø ca. 0,7 cm)

1 Für den Teig die Eier trennen. Die Eiweiße mit 1 Prise Salz anschlagen, den Zucker einrieseln lassen und steif schlagen.

2 Die Eigelbe mit Vanilleextrakt in 3 Minuten cremig rühren. Die Buttermilch dazugeben und gut unterrühren. Das Mehl und das Backpulver mischen, über die Eigelbmasse sieben und unterrühren. Den Eischnee vorsichtig unterrühren und den Teig 10 Minuten ruhen lassen.

3 In einer beschichteten Pfanne etwas Kokosöl erhitzen. Pro Taco etwa 1 EL Teig in die Pfanne geben, etwas flach drücken und bei mittlerer Hitze von beiden Seiten goldbraun ausbacken. Auf einem Kuchengitter auskühlen lassen.

4 Für die Cremes in einer Schüssel Quark, Frischkäse und Kokosblütenzucker verrühren. Die Creme auf zwei Schüsseln aufteilen.

5 Für die blaue Creme Heidelbeeren verlesen, waschen, trocken tupfen und 1 bis 2 EL davon fein pürieren. Restliche Beeren für die Deko beiseitestellen. Das Püree mit einer Creme mischen und mit blauer Lebensmittelfarbe bis zur gewünschten Intensität einfärben.

6 Für die rosa Creme die Himbeeren verlesen, waschen und trocken tupfen. 1 bis 2 EL der Himbeeren pürieren und durch ein Sieb streichen. Das Püree unter die andere Hälfte der Creme rühren und mit rosa Lebensmittelfarbe zu einem kräftigen Ton einfärben.

7 Die Cremes in zwei Spritzbeutel füllen. Einen Taco in eine Hand nehmen und leicht falten. Mit der Creme befüllen, weiter zuklappen und am Rand kleine Tupfen setzen. Die Tacos aufrecht hinstellen und aneinander lehnen. So fallen sie nicht auseinander. Mit restlichen Beeren dekorieren.

Carrot-Cake-Pops

FÜR 25 STÜCK

MÖHREN-KONFEKT-MASSE
200 g Möhren
80 g entsteinte Datteln
70 g gehackte Mandeln
80 g Walnusskerne
80 g Haferflocken
1 TL Zimtpulver
1 Prise frisch abgeriebene Muskatnuss
ca. 6 EL Ahornsirup

GLASUR & DEKO
250 g weiße Kuvertüre oder Cake-Melts
orange Zuckerstreusel

AUSSERDEM
25 Cake-Pop-Stiele

1 Die Möhren putzen, schälen, in grobe Stücke schneiden und im Blitzhacker fein zerkleinern.

2 Datteln, Mandeln, Walnüsse, Haferflocken und Gewürze hinzugeben und mahlen, bis eine klebrige Masse entsteht. Eventuell die Zutaten teilen und in mehreren Etappen zerkleinern. In eine Schüssel geben und so viel Ahornsirup hinzufügen, bis die Masse gut formbar ist.

3 Die Masse mit angefeuchteten Händen zu kleinen Kugeln formen (ca. 25 Stück) und jeweils auf einen Stiel stechen.

4 Die Kuvertüre hacken und in einer Metallschüssel über dem heißen Wasserbad unter Rühren schmelzen. Cake-Pops darin wenden, bis sie vollständig überzogen sind. Überschüssige Glasur vorsichtig abstreifen. Die Cake-Pops mit Streuseln dekorieren. Zum Aushärten in ein Cake-Pop-Display oder einen Styroporblock stecken. Alternativ kopfüber auf Backpapier setzen.

5 Carrot-Cake-Pops kühl stellen und innerhalb 1 Woche verzehren.

MEIN TIPP
Damit die Cake-Pops beim Überziehen nicht vom Stiel fallen, kannst du die Enden der Stiele in etwas Kuvertüre tunken, bevor du die Kugeln aufsteckst.

Käsekuchen am Stiel

FÜR 10 STÜCK

MÜRBETEIG
100 g Weizenmehl
30 g Zucker
1 Pck. Vanillezucker
60 g weiche Butter
Salz

KÄSEFÜLLUNG
200 g Schlagsahne
2 Eier (Größe M)
50 g Zucker
500 g Speisequark (20 % Fett)
1 Pck. Vanillepuddingpulver

GLASUR & DEKO
200 g Ruby-Kuvertüre
200 g weiße Kuvertüre
100 ml Kokosöl
Süßigkeiten, Streusel
und Früchte

AUSSERDEM
1 Springform (Ø 20 cm)
10 Eisstiele

1 Den Backofen auf 200 °C Ober-/Unterhitze vorheizen. Den Boden der Springform einfetten.

2 Für den Mürbeteig Mehl, Zucker, Vanillezucker, Butter und 1 Prise Salz in eine Rührschüssel geben und mit den Knethaken des Handrührgerätes zunächst auf niedrigster, dann auf höchster Stufe zu Streuseln verarbeiten. Auf dem Boden der Springform verteilen und andrücken. Mit einer Gabel mehrmals einstechen. Den Boden im Ofen im unteren Drittel etwa 15 Minuten backen.

3 Die Springform auf einem Kuchengitter etwas abkühlen lassen. Die Ofentemperatur auf 180 °C reduzieren.

4 Für die Käsefüllung die Sahne steif schlagen. Die Eier und den Zucker in einer Schüssel mit den Quirlen des Handrührgerätes kurz verrühren und auf höchster Stufe 2 Minuten aufschlagen. Quark und Puddingpulver unterrühren. Die Sahne vorsichtig unterheben. Die Masse in der Springform verteilen und im Ofen etwa 45 Minuten backen.

5 Den Käsekuchen in der Form auf einem Kuchengitter abkühlen lassen. Springformrand lösen und den Kuchen mindestens 2 Stunden kühl stellen.

6 Kuchen aus dem Kühlschrank nehmen und auf Zimmertemperatur bringen. Vom Boden der Springform lösen und in zehn gleich große Stücke teilen. In jedes Stück vom Rand her jeweils einen Eisstiel stecken.

7 Die Glasur vorbereiten. Ein Blech mit Backpapier auslegen. Jeweils ein Drittel der Kuvertüre hacken und separat in zwei Metallschüsseln über dem heißen Wasserbad unter Rühren schmelzen. Aus dem Wasserbad nehmen und jeweils die restliche gehackte Kuvertüre sowie die Hälfte vom Kokosöl unterrühren. Erneut schmelzen lassen.

8 Jeweils fünf Kuchenstücke mit der Ruby- oder hellen Kuvertüre übergießen. Danach sofort nach Belieben dekorieren. Die Kuchenstücke nach und nach überziehen und verzieren — nicht alle auf einmal, da die Glasur sonst zu fest wird. Kuchen am Stiel auf das vorbereitete Backblech legen und die Kuvertüre fest werden lassen.

MEIN TIPP
Bereite den Käsekuchen bereits am Vortag zu, damit er gut durchgekühlt ist. Du kannst die Kuchenstücke am Stiel auch 2 bis 3 Stunden einfrieren und dann mit Kuvertüre überziehen. So sind sie besonders stabil.

Monkeybread mit Bananenfüllung

FÜR CA. 25 STÜCKE

HEFETEIG
30 g frische Hefe
300 ml lauwarme Milch
400 g Weizenmehl
50 g Zucker
50 g weiche Butter
½ TL Salz

FÜLLUNG
2 mittelgroße Bananen
2 entsteinte Datteln
2 EL Erdnussbutter
1 TL Zimtpulver

ZUM WÄLZEN
120 ml warme Milch
1 EL flüssige Butter
75 g Kokosblütenzucker
3–4 TL Zimtpulver

AUSSERDEM
1 Gugelhupfform (Ø 24 cm)
etwas Kokosblütenzucker
für die Form
Ausstechform (Ø ca. 5 cm)

1 Für den Hefeteig die frische Hefe zerbröseln und in der lauwarmen Milch auflösen. Das Mehl in eine große Schüssel sieben, mit dem Zucker vermischen und in die Mitte eine Mulde drücken. Die Hefemilch nach und nach in die Mulde gießen und dabei mit einem Teil des Mehls verrühren. Die Schüssel mit einem Tuch abdecken und den Vorteig an einem warmen Ort 20 Minuten gehen lassen.

2 Die weiche Butter und das Salz hinzugeben und alles mit den Knethaken des Handrührgerätes in etwa 5 Minuten zu einem glatten Teig verkneten. Den Teig abdecken und an einem warmen Ort erneut 45 Minuten gehen lassen.

3 In der Zwischenzeit für die Füllung die Bananen schälen, in Stücke schneiden und in einen Blitzhacker geben. Datteln zerkleinern, mit Erdnussbutter und Zimt hinzugeben und alles zu einer homogenen Masse pürieren.

4 Zum späteren Wälzen der Hefebällchen in einer Schüssel die warme Milch mit flüssiger Butter mischen. In einem anderen Schälchen den Kokosblütenzucker mit dem Zimt mischen. Die Gugelhupfform einfetten und mit etwas Kokosblütenzucker ausstreuen.

5 Den Hefeteig nochmals kurz durchkneten und auf einer bemehlten Arbeitsfläche fingerdick ausrollen. Mit einem Glas oder einer runden Ausstechform (Ø ca. 5 cm) kleine Kreise ausstechen. Etwas Füllung in die Mitte des Kreises geben, den Teig darum schließen und zu einer Kugel formen.

6 Die Teigbällchen zuerst in die Milch-Butter tunken, dann in Zimtzucker wälzen und in die Gugelhupfform setzen. Teigreste erneut ausrollen und füllen, bis alles verarbeitet ist. Übrig gebliebene Milch-Butter und restlichen Zimtzucker über die Hefebällchen geben.

7 Das Monkeybread an einem warmen Ort noch einmal 45 bis 60 Minuten gehen lassen, bis die Backform fast gefüllt ist.

8 In der Zwischenzeit den Backofen auf 180 °C Ober-/Unterhitze vorheizen. Das Monkeybread im Ofen auf der unteren Schiene etwa 40 Minuten backen. In der Form auf einem Kuchengitter 15 Minuten abkühlen lassen. Dann das Monkeybread auf einen Teller stürzen. Denk dran: Kühlt das Brot in der Form zu lange aus, wird das Karamell fest.

MEIN TIPP
Am besten schmeckt das Affenbrot noch lauwarm, etwa bei einem ausgedehnten Sonntagsfrühstück.

Saftige Rhabarber-Schnecken

FÜR 9 STÜCK

HEFETEIG
2 Bio-Zitronen
430 g Weizenmehl
55 g Zucker
1 Pck. Trockenhefe
120 g Butter
120 ml Milch
1 Ei (Größe M)

RHABARBERFÜLLUNG
500 g Rhabarber
55 g Zucker
2 TL Speisestärke
4 EL Zitronensaft (von oben)

SIRUP UND GUSS
100 g Zucker
1 Pck. Vanillezucker
2 EL Zitronensaft (von oben)
110 g Puderzucker

1 Für den Hefeteig die Zitronen heiß waschen, trocken reiben und die Schale fein abreiben. Den Saft auspressen und beiseitestellen. Mehl, Zitronenschale, Zucker und Trockenhefe in einer Schüssel vermengen.

2 Die Butter in einem Topf schmelzen lassen. Die Milch dazugeben und kurz erwärmen. Zusammen mit dem Ei unter die Mehlmischung kneten, bis ein weicher, glänzender Teig entsteht. Eine große Schüssel einfetten, den Teig hineinlegen und zugedeckt an einem warmen Ort etwa 45 Minuten ruhen lassen.

3 Für die Füllung den Rhabarber gründlich waschen und beide Enden abschneiden. Dicke Stangen mit einem Sparschäler schälen. Den Rhabarber in etwa 1 cm große Stücke schneiden. 300 g des Rhabarbers mit Zucker, Stärke und 4 EL vom beiseitegestellten Zitronensaft in einer Schüssel vermengen.

4 Ein Backblech mit Backpapier auslegen. Den Teig auf einer bemehlten Arbeitsfläche zu einem Rechteck (ca. 40 × 35 cm) ausrollen. Die Rhabarber-Mischung auf der Teigplatte verteilen, dabei einen etwa 1 cm breiten Rand frei lassen. Den Teig von der langen Seite her aufrollen. In neun Stücke teilen und mit der Schnittseite nach oben dicht an dicht auf das Blech legen. Mit einem Geschirrtuch abgedeckt nochmals 15 Minuten gehen lassen.

5 Backofen auf 180 °C Ober-/Unterhitze vorheizen. Die Schnecken im Ofen auf unterster Schiene etwa 30 Minuten backen, bis sie goldbraun sind.

6 In der Zwischenzeit für den Sirup in einem Topf Zucker, Vanillezucker, 75 ml Wasser und 2 EL Zitronensaft kochen, bis der Zucker aufgelöst ist. Restliche 200 g Rhabarber hinzugeben und 5 Minuten köcheln lassen. Die Masse durch ein Sieb gießen, sodass ein flüssiger Sirup bleibt.

7 Die Schnecken mit dem Backpapier vom Blech auf ein Kuchengitter ziehen. Die noch heißen Schnecken großzügig mit dem Sirup bepinseln und auskühlen lassen.

8 Für den Guss den Puderzucker mit etwa 1 bis 2 EL Sirup zu einer dickflüssigen Glasur verrühren. Die ausgekühlten Schnecken damit bepinseln und den Guss trocknen lassen.

White Chocolate Macadamia Cookies

FÜR 25 STÜCK

170 g Butter
60 g ungesalzene Macadamianüsse
60 g weiße Kuvertüre-Chocolate-Chunks oder Drops
300 g Weizenmehl
½ TL Natron
1 TL Vanilleextrakt
Salz
1 Ei (Größe M)
1 Eigelb (Größe M)
150 g Zucker

1 Die Butter in einem Topf zerlassen. Abkühlen lassen. Macadamianüsse grob hacken. Eventuell die weiße Kuvertüre in Stücke teilen.

2 Das Mehl in eine Schüssel sieben und Natron, Vanille und 1 Prise Salz untermischen. Ei, Eigelb, Zucker und Butter verrühren. Die Mehlmischung hinzugeben und alles mit den Knethaken des Handrührgerätes verkneten. Die Schokolade und die Macadamiastücke unterrühren. Den Teig abdecken und 20 Minuten kühl stellen.

3 Den Backofen auf 170 °C Ober-/Unterhitze vorheizen. Ein Backblech mit Backpapier auslegen. Mit einem Löffel etwa 25 Portionen vom Teig abnehmen, zu Kugeln formen, auf das Blech setzen und leicht flach drücken.

4 Die Cookies im Ofen auf der mittleren Schiene 12 bis 15 Minuten backen. Erst auf dem Blech, anschließend auf einem Kuchengitter auskühlen lassen.

MEIN TIPP
Wenn du es süß-salzig magst, kannst du das Rezept auch mit gesalzenen Macadamianüssen probieren.

Mini-Amerikaner mit Chai-Glasur

FÜR 25 STÜCK

RÜHRTEIG
100 g weiche Butter
100 g Zucker
2 Pck. Vanillezucker
Salz
2 Eier (Größe L)
8 EL Milch
250 g Weizenmehl
2 TL Backpulver

CHAI-GLASUR
1 Orange
1 EL Butter
1 Beutel Chai-Tee
ca. 125 g Puderzucker

DEKO
1 Bio-Orange
50 g ungesalzene Pistazienkerne

1 Den Backofen auf 180 °C Ober-/Unterhitze vorheizen. Ein Backblech mit Backpapier auslegen.

2 Für den Rührteig die weiche Butter in einer Schüssel cremig rühren. Zucker, Vanillezucker und 1 Prise Salz unterrühren und so lange weiterrühren, bis eine gebundene Masse entstanden ist. Die Eier und die Milch nach und nach hinzugeben und unterrühren. Das Mehl und das Backpulver mischen und kurz unterrühren. Dabei nicht mehr länger rühren als nötig.

3 Vom Teig mit zwei Teelöffeln etwa 25 kleine Häufchen abnehmen und mit etwas Abstand auf das Blech setzen. Dann im Ofen auf der mittleren Schiene 15 Minuten backen.

4 Für die Chai-Glasur die Orange auspressen. Die Butter in einem Topf schmelzen lassen. Den Orangensaft hinzugeben, erhitzen (nicht kochen lassen) und den Teebeutel darin 10 Minuten ziehen lassen.

5 In der Zwischenzeit für die Deko die Orange heiß waschen, trocken reiben und mit einem Zestenreißer die Schale in feinen Streifen abziehen. Die Pistazien hacken.

6 Den Teebeutel entfernen. So viel Puderzucker unterrühren, bis eine streichfähige Masse entsteht. Die Amerikaner aus dem Ofen nehmen, das Backpapier auf ein Kuchengitter ziehen und die Amerikaner kurz abkühlen lassen. Die heißen Mini-Amerikaner mit der Glasur bestreichen und abwechselnd mit den Orangenzesten und den Pistazien bestreuen. Auskühlen lassen.

Kokos-Cakesicles

FÜR CA. 8 STÜCK

TEIG
40 g Weizenmehl
½ TL Backpulver
Salz
45 g Zucker
1 Ei (Größe M)
1 EL geschmacksneutrales Öl
3 EL Buttermilch
4 EL Mineralwasser
mit Kohlensäure
½ TL Vanilleextrakt
15 g Kokosraspel
100 g Doppelrahm-Frischkäse

GLASUR
250 g weiße Kuvertüre
Kokoschips bzw. Kokosraspel
Kokospralinen

AUSSERDEM
1 Springform (Ø 18–20 cm)
Silikon-Eisformen
8 Eisstiele

1 Den Backofen auf 170 °C Ober-/Unterhitze vorheizen. Die Springform einfetten bzw. mit Backpapier auslegen.

2 Für den Teig das Mehl in eine Schüssel sieben und mit Backpulver, 1 Prise Salz und Zucker mischen. Ei, Öl, Buttermilch, Mineralwasser und Vanilleextrakt hinzugeben und alles verrühren. Die Kokosraspel unterrühren. Den Teig in die Springform füllen und im Ofen auf der mittleren Schiene 15 bis 20 Minuten backen. In der Form auf einem Kuchengitter 5 Minuten abkühlen lassen. Dann den Rand lösen und den Kuchen auf dem Kuchengitter weiter auskühlen lassen.

3 Den ausgekühlten Kuchen mit den Händen in einer Schüssel zerbröseln und mit dem Frischkäse vermengen. Den feuchten Teig in die Eisformen drücken, mit einer Teigkarte glatt streichen, Eisstiele einstecken und für 1 Stunde ins Gefrierfach geben.

4 Die Kuvertüre hacken und in einer Metallschüssel über dem heißen Wasserbad unter Rühren schmelzen. Ein Backblech mit Backpapier auslegen. Die Cakesicles aus der Form lösen. Kokoschips oder Kokosraspel in einem Schälchen bereitstellen. Die Kokospralinen in Stücke schneiden.

5 Die Cakesicles über das Schälchen mit der Kuvertüre halten und mithilfe eines Löffels mit der Kuvertüre überziehen. Überschüssige Schokolade abtropfen lassen. Cakesicles mit Kokoschips oder Kokosraspeln bestreuen, mit Kokospralinen belegen und auf das Backblech setzen. Da die Cakesicles gefroren waren, härtet die Kuvertüre schnell aus.

MEIN TIPP
Du kannst auch ein hohes Glas, in das die Cakesicles passen, mit Kuvertüre füllen und die Cakesicles darin komplett eintauchen. Sollte die Kuvertüre zu fest werden, gib sie einfach für ein paar Sekunden in die Mikrowelle.

Zimt-Tannenbaum-Lollies

FÜR 20 STÜCK

1 Rolle Blätterteig
aus dem Kühlregal (270 g)
80 g Zucker
1 Pck. Vanillezucker
2 TL Zimtpulver
1 Eigelb
2 rotschalige Äpfel
(z. B. Gala, Cox Orange)

AUSSERDEM
20 Holzspieße
1 kleiner Sternausstecher
(ca. 2–3 cm groß)

1 Die Holzspieße in kaltem Wasser einweichen. Den Backofen auf 220 °C Ober-/Unterhitze vorheizen. Ein Backblech mit Backpapier auslegen.

2 Den Blätterteig auf der Arbeitsfläche entrollen. Zucker, Vanillezucker und Zimt mischen. Blätterteig damit gleichmäßig bestreuen. Den Blätterteig quer in 20 Streifen à etwa 2 × 24 cm schneiden.

3 Die Holzspieße trocken tupfen. Jeden Teigstreifen schlangenförmig auf einen Holzspieß stecken. Dabei unten mehr Platz lassen als oben. Die Tannenbäume auf das Backblech legen. Das Eigelb mit 1 EL Wasser verquirlen und die Tannenbäume damit bestreichen. Die Tannenbäume im Ofen auf der mittleren Schiene 12 bis 14 Minuten backen. Danach auskühlen lassen.

4 In der Zwischenzeit die Äpfel waschen und trocken reiben. Die Schale etwa 4 mm dick abschneiden. 20 Sternchen daraus ausstechen und als Spitze auf jeden Spieß stecken.

Mini Red Velvet Cakes

FÜR 8 STÜCK

ROTER TEIG
125 g weiche Butter
250 g Zucker
Salz
2 Eier (Größe L)
250 g Weizenmehl
1 TL Backpulver
1 EL Backkakao
1 TL Vanilleextrakt
240 g Buttermilch
ca. 1 TL rote Lebensmittelfarbe

FRISCHKÄSE-FROSTING
100 g weiche Butter
100 g Puderzucker
125 g Doppelrahm-Frischkäse
125 g Mascarpone

DEKO
gemischte Beeren
(z. B. Johannis- und Heidelbeeren)

AUSSERDEM
1 runde Ausstechform
(Ø 5–7 cm)
1 Spritzbeutel mit Lochtülle
(Ø 1,1 cm)

1 Den Backofen auf 170 °C Ober-/Unterhitze vorheizen. Ein Backblech mit Backpapier auslegen.

2 Für den roten Teig die weiche Butter in einer Schüssel cremig rühren. Den Zucker und 2 Prisen Salz unterrühren und so lange weiterrühren, bis eine gebundene Masse entstanden ist. Die Eier nach und nach hinzugeben und unterrühren. Mehl, Backpulver, Backkakao und Vanille mischen und zusammen mit der Buttermilch kurz unterrühren. Mit der Lebensmittelfarbe kräftig rot einfärben, dabei nicht mehr länger rühren als nötig.

3 Den Teig auf dem Backblech verteilen, glatt streichen und im Ofen auf der mittleren Schiene etwa 20 Minuten backen. Kurz vor Ende der Backzeit die Stäbchenprobe machen. Auf dem Blech vollständig auskühlen lassen.

4 Für das Frosting die Butter mit dem Puderzucker schaumig schlagen. In einer weiteren Schüssel den Frischkäse und den Mascarpone verrühren. Die Buttermasse unterrühren (kein Handrührgerät verwenden). Die Creme in einen Spritzbeutel füllen.

5 Mit einer runden Ausstecher aus dem Kuchen etwa 24 Böden ausstechen. Pro Mini Cake auf jeweils zwei Böden Frosting in Tupfen aufspritzen. Die Böden aufeinandersetzen. Den dritten Boden darauflegen und mit Frosting toppen.

6 Mit Beeren dekorieren und bis zum Servieren kühl stellen.

Apfel-Galettes mit Mandelcreme

FÜR 4 STÜCK

MÜRBETEIG
175 g Weizenmehl
80 g kalte Butter
1 Eigelb (Größe M)
Salz
40 g Zucker

MANDELCREME
40 g Butter
40 g Zucker
60 g gemahlene Mandeln
1 Eiweiß (Größe M)

BELAG
2 kleine Äpfel
1 EL Zitronensaft
1 EL Schlagsahne
2 EL Mandelblättchen
ca. 2 EL Puderzucker
4 TL Gelee (z. B. Rote-Johannisbeer-Gelee)

1 Für den Mürbeteig das Mehl in eine Schüssel sieben. Die Butter in kleinen Stücken, Eigelb, 1 Prise Salz und Zucker dazugeben und alles zu einem glatten Teig verkneten. 1 EL Wasser dazugeben, sollte der Teig zu mürbe sein. Eine Kugel formen, in Frischhaltefolie wickeln und 30 Minuten kühl stellen.

2 Für die Mandelcreme die Butter in einem kleinen Topf schmelzen lassen. Butter mit Zucker, Mandeln und Eiweiß zu einer Creme verrühren.

3 Die Äpfel schälen, vierteln, entkernen, in dünne Scheiben schneiden und mit Zitronensaft beträufeln.

4 Den Backofen auf 200 °C Ober-/Unterhitze vorheizen. Ein Backblech mit Backpapier auslegen.

5 Den Teig in vier gleich große Kugeln teilen. Jeweils auf leicht bemehlter Arbeitsfläche etwa 5 mm dick rund ausrollen. Die Mandelcreme auf die Teigkreise verteilen, dabei jeweils einen 2 cm breiten Rand frei lassen. Apfelscheiben fächerartig auf der Mandelcreme verteilen. Die Teigränder umklappen, mit der Sahne bepinseln und mit den Mandelblättchen bestreuen. Galettes auf das vorbereitete Backblech setzen und im Ofen auf der mittleren Schiene etwa 25 Minuten backen.

6 Die Galettes herausnehmen und abkühlen lassen. Vor dem Servieren mit Puderzucker bestäuben. Das Gelee in einem kleinen Topf unter Rühren erwärmen und die Galettes damit toppen.

Meringue Cones

FÜR 4 STÜCK

BAISERHÄUBCHEN
2 Eiweiß (Größe M)
2 TL Zitronensaft
100 g Puderzucker
pinke Lebensmittelfarbe

AUSSERDEM
1 Spritzbeutel mit Lochtülle
(Ø ca. 1,4 cm)
4 TL gehackte Mandeln
oder Zucker- oder
Schokostreusel
4 Waffelhörnchen
8 EL Eiscreme
(z. B. Zitroneneis)

1 Backofen auf 100 °C Ober-/Unterhitze vorheizen. Ein Backblech mit Backpapier auslegen.

2 Für die Baiserhäubchen die Eiweiße mit dem Zitronensaft steif schlagen. Den Puderzucker einrieseln lassen und so lange schlagen, bis sich weiße Spitzen bilden. Lebensmittelfarbe grob einrühren, sodass unterschiedliche Rosatöne entstehen.

3 Eischnee in einen Spritzbeutel füllen. Vier Häubchen auf das Blech spritzen — etwas breiter als der Durchmesser der Waffelhörnchen. Die Baiserhauben im Ofen 1 Stunde trocknen lassen. Bei offener Ofentür abkühlen lassen.

4 Die Mandeln in einer Pfanne ohne Fett anrösten und abkühlen lassen.

5 Die Waffelhörnchen mit je 2 EL Eis füllen. Etwas Eis am Rand verteilen und mit Mandeln oder Streuseln bestreuen. Die Baiserhäubchen daraufsetzen. Sofort servieren.

MEIN TIPP
Die Cones sollen nicht sofort vernascht werden?
Dann fülle sie statt Eis mit Süßigkeiten
oder einer Quarkcreme.

Mini-Cheesecakes mit Frucht-Swirl

FÜR 12 STÜCK

NO-BAKE-BÖDEN
40 g Butter
100 g Butterkekse

KÄSEFÜLLUNG
2 Eier (Größe M)
100 g Zucker
350 g Doppelrahm-Frischkäse
100 g Magerquark
50 g Naturjoghurt
50 g Schlagsahne
½ TL Vanilleextrakt
15 g Weizenmehl

FRUCHT-SWIRL
ca. 2 EL Konfitüre
oder Gelee (z. B. Erdbeere,
Himbeere, Brombeere)

AUSSERDEM
1 Muffinblech mit 12 Mulden
12 Papierförmchen
1 Holzstäbchen

1 Den Backofen auf 120 °C Ober-/Unterhitze vorheizen. Die Mulden des Muffinblechs mit Papierförmchen auslegen.

2 Für die No-bake-Böden die Butter in einem Topf schmelzen lassen. Die Kekse in einen Gefrierbeutel geben, diesen gut verschließen und die Kekse mit einer Teigrolle zerkleinern. Die Brösel zur Butter geben, vermengen und auf die Papierförmchen verteilen. Mit einem Teelöffel andrücken.

3 Für die Käsefüllung die Eier und den Zucker verrühren, nicht aufschlagen. Frischkäse, Quark, Joghurt, Sahne, Vanille und Mehl unterrühren und so lange rühren, bis eine homogene Masse entsteht.

4 Die Käsefüllung auf die Böden verteilen. Die Konfitüre in einem kleinen Topf unter Rühren etwas erhitzen. Mit einem Teelöffel, kleinen Einwegspritzbeutel oder einer Pipette kleine Punkte auf die Käsemasse setzen. Mit einem Holzstäbchen marmorieren.

5 Die Mini-Cheesecakes im Ofen auf der mittleren Schiene 50 bis 55 Minuten backen. Danach auf einem Kuchengitter vor dem Servieren abkühlen lassen.

139

Fruchtige Brownie-Happen

FÜR 25 STÜCK

BROWNIETEIG
400 g Zartbitterschokolade
300 g Butter
300 g brauner Zucker
4 Eier (Größe M)
120 ml Milch
200 g Weizenmehl

BROMBEER-KÄSE-SCHICHT
600 g Doppelrahm-Frischkäse
200 g Zucker
50 g Speisestärke
400 g Brombeeren

AUSSERDEM
1 quadratische Backform
(24 × 24 cm)

1 Den Backofen auf 180 °C Ober-/Unterhitze vorheizen. Die Form mit Backpapier auslegen.

2 Für den Brownieteig die Schokolade grob in Stücke schneiden. Die Butter und die Schokolade in einem kleinen Topf bei mittlerer Hitze unter Rühren schmelzen lassen. Die Masse in eine Schüssel umfüllen. Zucker, Eier und Milch hinzugeben und mit den Quirlen des Handrührgerätes 2 bis 3 Minuten verrühren. Das Mehl nach und nach unterrühren. Den Teig in die Form streichen und im Ofen auf der mittleren Schiene etwa 20 Minuten backen.

3 Für die Brombeer-Käse-Schicht den Frischkäse mit Zucker und Stärke verrühren. Die Brombeeren verlesen, waschen, trocken tupfen und mit dem Stabmixer fein pürieren. Nach Wunsch das Püree durch ein Sieb streichen. Die Form aus dem Ofen nehmen, die Käsecreme auf den Brownieteig schichten, das Brombeerpüree punktuell obenaufgießen und mit einer Gabel marmorieren. Den Kuchen 40 Minuten weiterbacken.

4 Den Kuchen auf einem Kuchengitter bei Zimmertemperatur abkühlen lassen. Dann 1 Stunde kühl stellen und zum Servieren in kleine Happen schneiden.

Erdbeer-Blätterteig-Rosen

FÜR 6 STÜCK

250 g Erdbeeren
(möglichst große)
280 g Blätterteig
aus dem Kühlregal
6 TL Nuss-Nougat-Creme
etwas Puderzucker

AUSSERDEM
6 Papierförmchen
1 Muffinblech mit 6 Mulden

1 Die Erdbeeren waschen, putzen, trocken tupfen und jeweils längs in feine Scheiben schneiden.

2 Den Blätterteig mit der langen Seite nach oben auslegen und in sechs Rechtecke schneiden, dafür einmal längs und zweimal quer teilen.

3 Den Backofen auf 200 °C Ober-/Unterhitze vorheizen.

4 Jedes Blätterteig-Rechteck an der oberen, längeren Kante dicht an dicht mit Erdbeerscheiben belegen. Die Spitzen zeigen etwas über den Teig hinaus. Mittig eine Linie Nuss-Nougat-Creme aufstreichen.

5 Den unteren Teigteil über die Erdbeeren nach oben klappen und von der Seite her aufrollen. Die Teigrose in ein Papierförmchen geben und ins Muffinblech setzen. So alle sechs Stücke belegen und aufrollen. Die Blätterteig-Rosen im Ofen auf der unteren Schiene 25 bis 30 Minuten backen.

6 Das fertige Gebäck auf einem Kuchengitter abkühlen lassen und mit etwas Puderzucker bestäuben.

SÜSSE KLEINIGKEITEN   30 MIN   30 MIN   MIND. 45 MIN

Exotische Mürbeteigecken

FÜR 6 STÜCK

MÜRBETEIG
250 g Weizenmehl
120 g weiche Butter
80 g Zucker
1 Ei (Größe M)
Salz
Vanillepulver

MARACUJACREME
6 Blätter Minze
140 g Maracujapüree
320 g gezuckerte Kondensmilch
3 Eigelb (Größe L)

BELAG UND GUSS
5 Kiwis
4 Kakis oder 2 Mangos
3–4 Drachenfrüchte
20 g Zucker
12 g klarer Tortenguss

AUSSERDEM
1 eckige Backform
(13 × 35 cm)
ca. 250 g getrocknete
Hülsenfrüchte zum Blindbacken

1 Für den Mürbeteig Mehl in eine Schüssel sieben. Butter, Zucker, Ei, 1 Prise Salz und 1 Prise Vanillepulver dazugeben und alles zu einem glatten Teig verkneten. Den Teig etwas flach drücken, in Frischhaltefolie wickeln und mindestens 30 Minuten kühl stellen.

2 Für die Maracujacreme die Minze waschen, trocken tupfen und fein hacken. Maracujapüree, Kondensmilch, Minze und Eigelbe gut verrühren.

3 Den Backofen auf 180 °C Ober-/Unterhitze vorheizen. Backform einfetten und bemehlen.

4 Den Teig auf einer bemehlten Arbeitsfläche etwas größer als die Form etwa 3 mm dick ausrollen. In die Form legen und am Rand andrücken. Überschüssigen Teig abschneiden. Den Teig mit Backpapier belegen, mit den Hülsenfrüchten auffüllen und im Ofen auf der mittleren Schiene etwa 11 Minuten blindbacken, bis der Rand leicht goldbraun ist. Herausnehmen und das Backpapier mit den Hülsenfrüchten entfernen. Den Boden 7 Minuten weiterbacken, bis er hellbraun ist.

5 Die Maracujacreme auf den Boden geben und weitere 12 Minuten backen, bis die Masse leicht gestockt ist. Den Kuchen auf einem Kuchengitter auskühlen lassen.

6 Früchte waschen bzw. schälen, in dünne Scheiben schneiden und den Kuchen damit belegen. Für den Guss 270 ml Wasser mit Zucker und Tortenguss unter ständigem Rühren aufkochen. Eine gleichmäßig dünne Schicht Tortenguss auf dem Kuchen verteilen. Fest werden lassen.

7 Den Kuchen aus der Form lösen und die Ränder mit einem Messer abschneiden. Kuchen in drei etwa quadratische Stücke schneiden. Diese jeweils halbieren, sodass sechs Dreiecke entstehen.

MEIN TIPP
Keine Drachenfrucht bekommen? Dann verwende Ananas aus der Dose. Und natürlich kannst du meine Mürbeteigecken mit jedem Obst belegen, das gerade Saison hat.

Healthy Baking

BACKEN MIT GESUNDEN ZUTATEN

Mal vegan, mal mit weniger Zucker — aber Hauptsache lecker.
Wie aus Chiasamen, Bananen und Avocados frisches Gebäck wird,
das jeden überzeugt, entdeckt ihr auf den folgenden Seiten.

Granola-Tartelettes mit Beerenquark

FÜR 6 STÜCK

GRANOLA-BÖDEN
130 g zarte Haferflocken
35 g Sonnenblumenkerne
35 g geschroteter Leinsamen
25 g gemahlene Mandeln
20 g Chiasamen
Salz
60 g Mandelmus
60 g Agavendicksaft
2 EL Kokosöl

BEEREN-QUARK-FÜLLUNG
120 g griechischer Joghurt
(10 % Fett)
300 g Magerquark
2 EL Agavendicksaft
1 TL Vanilleextrakt
450 g gemischte Beeren
(z. B. Heidelbeeren, Brombeeren, Erdbeeren, Himbeeren)
150 g Johannisbeergelee

AUSSERDEM
10 Tartelettes-Förmchen
(Ø 10 cm) oder 1 Muffinblech

1 Den Backofen auf 150 °C Ober-/Unterhitze vorheizen. Die Förmchen einfetten.

2 Für die Granola-Böden in einer Schüssel Haferflocken, Sonnenblumenkerne, Leinsamen, Mandeln, Chiasamen und 1 Prise Salz mischen. Das Mandelmus und den Agavendicksaft dazugeben und unterkneten. Das Kokosöl erwärmen, bis es flüssig wird. Etwa 2 EL zur Masse geben, sodass sie klebrig und gut formbar wird.

3 Die Granola-Masse auf die Förmchen verteilen, dabei Boden und Rand mit einem Teelöffel andrücken. Die Förmchen auf ein Backblech stellen und im Ofen auf der mittleren Schiene etwa 25 Minuten backen. Die Tartelettes auf einem Gitter auskühlen lassen. Die Granola-Böden aus den Förmchen nehmen.

4 Für die Füllung Joghurt, Quark, Agavendicksaft und Vanille verrühren. Die Beeren verlesen, waschen und trocken tupfen. Das Gelee in einem Topf unter Rühren erwärmen. Die Hälfte davon mit einem Pinsel auf die Granola-Böden streichen. Quarkcreme darauf verteilen. Die Beeren auf der Füllung dekorativ anrichten und mit dem restlichen Gelee beträufeln.

Heidelbeer-Chia-Torte

FÜR 8 STÜCKE

NO-BAKE-BODEN
100 g vegane Kekse
60 ml Kokosöl

HEIDELBEER-CHIAPUDDING
240 ml Mandeldrink
50 g Chiasamen
150 g frische
oder tiefgekühlte Heidelbeeren
400 g Sojajoghurt (Skyr Style)
70 g Kokosblütenzucker
2–3 TL Vanilleextrakt
80 ml Heidelbeersaft
2 TL Agar-Agar

DEKO
1 Handvoll frische dunkle
Beeren (z. B. Brombeeren,
Heidelbeeren)
essbare Blüten

AUSSERDEM
1 Springform (Ø 18 cm)

1 Die Springform leicht einfetten und den Boden mit Backpapier auslegen.

2 Für den Boden die Kekse in einen Gefrierbeutel geben, diesen gut verschließen und die Kekse mit einer Teigrolle zerkleinern. Das Kokosöl schmelzen lassen und mit den Keksrümeln gut vermischen.
Die Masse gleichmäßig auf dem Boden der Springform verteilen und festdrücken. 15 Minuten kühl stellen.

3 Für den Chiapudding den Mandeldrink in eine Schüssel gießen, die Chiasamen unterrühren und 5 bis 10 Minuten quellen lassen. Dabei gelegentlich umrühren, sodass sich keine Klümpchen bilden.

4 In der Zwischenzeit die Heidelbeeren verlesen, waschen (tiefgekühlte auftauen lassen) und mit einem Stabmixer pürieren. Das Beerenpüree mit Sojajoghurt, Kokosblütenzucker und Vanilleextrakt verrühren. Diese Mischung unter den Chiapudding rühren und gründlich vermengen.

5 In einem kleinen Topf den Heidelbeersaft mit dem Agar-Agar mischen und so lange rühren, bis das Agar-Agar sich komplett aufgelöst hat. Saft aufkochen lassen und etwa 2 Minuten köcheln lassen bzw. nach Packungsanweisung zubereiten. Vom Herd nehmen, weiterrühren und etwas abkühlen lassen.

6 Den Saft zu dem Heidelbeer-Chiapudding dazugeben und schnell unterrühren, bis alles gut vermengt ist. Den Pudding sofort auf den Keksboden geben und glatt streichen. Die Torte mindestens 4 Stunden im Kühlschrank fest werden lassen.

7 Vor dem Servieren mit frischen Beeren und Blüten verzieren.

»Nobake« Cashew-Cheesecake

FÜR 12 STÜCKE

CASHEWFÜLLUNG
400 g Cashewkerne
2 Bio-Zitronen
1 TL Vanilleextrakt
200 ml Kokosöl
240 ml Kokosmilch (aus der Dose)
200 ml Ahornsirup

NUSS-FEIGEN-BODEN
250 g gehackte oder gestiftelte Mandeln
120 g Walnusskerne
30 Soft-Feigen
2 EL Kokosöl
Meersalz

TOPPING
3 Maracujas
1 Feige
1 Handvoll geröstete Cashewkerne

AUSSERDEM
1 Springform (Ø 24 cm)

1 Für die Füllung die Cashewkerne mindestens 6 Stunden in kaltem Wasser einweichen.

2 Für den Boden die Mandeln und die Walnusskerne in einem Multizerkleinerer grob hacken. In einer Schüssel beiseitestellen. Feigen, Kokosöl, 1 Prise Salz und 1 EL Wasser in den Zerkleinerer geben und pürieren, bis eine formbare Masse entsteht. Die Nüsse hinzufügen und mixen, aber nicht zu fein mahlen. Den Teig in die Springform geben und gleichmäßig am Boden andrücken.

3 Für die Füllung die Cashewkerne in ein Sieb abgießen und mit kaltem Wasser abspülen. Die Zitronen heiß waschen, trocken reiben und die Schale fein abreiben. Den Saft auspressen. Cashewkerne mit Zitronenschale und -saft, Vanille, Kokosöl, Kokosmilch und Ahornsirup im Standmixer zu einer cremigen Masse pürieren.

4 Die Füllung auf dem Boden verstreichen und mindestens 8 Stunden, am besten über Nacht, kühl stellen, bis die Masse fest geworden ist.

5 Für die Deko die Maracujas halbieren, eine Hälfte beiseitelegen, von den übrigen Maracujas das Fruchtfleisch und die Kerne auslöffeln und mit einem Teelöffel über den Kuchen geben. Die Feige waschen, in dicke Spalten schneiden und mit der übrigen Maracujahälfte und den Cashewkernen dekorativ auf dem Kuchen anrichten.

Apfel-Buttermilch-Waffeln mit Haferflocken

FÜR 8 STÜCK

WAFFELTEIG
125 g zarte Haferflocken
250 g Buttermilch
1 süßlicher Apfel (z. B. Gala)
1 Bio-Zitrone
50 g Rohrohrzucker
40 g gemahlene Haselnüsse
75 g weiche Butter
3 Eier (Größe M)
100 g Weizenmehl
2 TL Backpulver
Salz
1 Prise Zimtpulver

AUSSERDEM
Fett für das Waffeleisen
Topping nach Wahl
(siehe Tipp)

1 Für den Teig in einer Schüssel die Haferflocken mit der Buttermilch mischen. Den Apfel schälen, vierteln, Kerngehäuse entfernen und grob raspeln. Die Zitrone heiß waschen, trocken reiben und die Schale fein abreiben.

2 Apfelraspel, Zitronenschale, Rohrohrzucker und gemahlene Haselnüsse unter die Haferflockenmasse rühren.

3 In einer zweiten Schüssel die Butter mit den Schneebesen des Handrührgeräts cremig rühren. Die Eier einzeln hinzugeben und weiterschlagen, bis die Masse weißcremig ist. Das Mehl sieben, mit Backpulver, 1 Prise Salz und Zimt mischen. Die Mehlmischung zu der Ei-Butter-Masse geben und alles verrühren. Die Haferflockenmischung unter den Teig rühren.

4 Waffeleisen nach der Gebrauchsanweisung des Herstellers aufheizen und einfetten. Nacheinander bei mittlerer bis starker Hitze acht goldbraune Waffeln backen. Herausnehmen und auf einen Kuchenrost legen.

MEIN TIPP
Zu den Waffeln mögen wir am liebsten einen Vanillejoghurt bzw. eine Joghurtalternative, Apfel- oder Nussmus und ein paar gehackte Nüsse.

»Low Carb«-Zitronenkuchen

FÜR CA. 16 STÜCKE

ZITRONENRÜHRTEIG
1 Bio-Zitrone
5 Eier (Größe M)
120 ml Kokosöl
100 g Erythrit oder Xylit
220 g Mandelmehl
35 g Kokosmehl
2 TL Backpulver

ZITRONENGUSS
1 Bio-Zitrone
150–200 g Puder-Erythrit
(siehe Tipp)

AUSSERDEM
1 Kastenform
(ca. 25 cm lang)

1 Den Backofen auf 180 °C Ober-/Unterhitze vorheizen. Die Kastenform einfetten.

2 Für den Rührteig die Zitrone heiß waschen, trocken reiben und die Schale fein abreiben. Den Saft auspressen. In einer großen Schüssel die Eier mit dem flüssigen Kokosöl, Erythrit bzw. Xylit und Zitronensaft cremig aufschlagen. Das Mandelmehl mit Kokosmehl und Backpulver separat mischen und unter die Eiermasse rühren.

3 Den Teig in die Kastenform füllen und im Ofen auf der mittleren Schiene 15 Minuten backen. Dann die Temperatur auf 160 °C reduzieren und den Kuchen etwa 45 Minuten weiterbacken. Kurz vor Ende der Backzeit die Stäbchenprobe machen.

4 Den Kuchen auf einem Kuchengitter in der Form 10 Minuten abkühlen lassen. Dann aus der Form lösen und auf dem Kuchengitter vollständig auskühlen lassen.

5 Für den Guss die Zitrone heiß waschen, trocken reiben und die Schale mit einem Zestenreißer in feinen Streifen (Zesten) abziehen. Den Saft auspressen. Den Puder-Erythrit mit Zitronensaft zu einem zähflüssigen Guss vermengen. Den Kuchen mit dem Guss überziehen und mit den Zitronenzesten toppen. Trocknen lassen.

MEIN TIPP
»Puderzucker« aus Erythrit oder Xylit kannst du ganz einfach selbst herstellen, indem du den Zuckerersatz in einem Blitzhacker zu feinem Staub mahlst.

Cookie Bars mit Dattelfüllung

FÜR 24 STÜCK

MÜSLIBODEN
125 g Haferflocken
125 g gemahlene Mandeln
60 ml Ahornsirup
2 ½ EL Kokosöl
1 TL Vanilleextrakt

DATTELFÜLLUNG
300 g entsteinte Medjool-Datteln
4 EL weißes Mandelmus
1 EL Kokosöl
2 TL Vanilleextrakt

GLASUR
200 g vegane Schokolade

AUSSERDEM
1 Brownie-Blech
(ca. 23 × 23 cm)

1 Für den Müsliboden Haferflocken im Blitzhacker mahlen. Mandeln, Ahornsirup, Kokosöl und Vanille hinzugeben und mischen, bis ein fester Teig entsteht. Bei Bedarf 1 EL Wasser hinzufügen. Das Blech fetten, den Teig darin verteilen, mit dem Handballen flach drücken und für 30 Minuten ins Tiefkühlfach stellen.

2 Für die Dattelfüllung die Datteln in Stücke schneiden und im Blitzhacker pürieren. Mandelmus, Kokosöl, Vanille und 2 EL Wasser hinzugeben und mixen, bis eine homogene Masse entsteht. Die Masse auf dem Teig in der Form verteilen und mit einem Spatel glatt streichen. Nochmals für 15 Minuten ins Tiefkühlfach stellen.

3 Für die Glasur die Schokolade hacken und in einer Metallschüssel über dem heißen Wasserbad unter Rühren schmelzen. Über die Dattelfüllung gießen, glatt streichen und alles für mindestens 15 Minuten ins Tiefkühlfach stellen.

4 Die Form aus dem Tiefkühler nehmen, kurz stehen lassen, dann den Kuchen mit einem Messer in 24 Cookie Bars schneiden.

Baked Oatmeal mit Himbeeren

FÜR 4 PORTIONEN

200 g tiefgekühlte Himbeeren
1 Banane
25 g Mandelkerne
25 g gemischte Nusskerne
(z. B. Hasel- und Walnüsse)
200 g kernige Haferflocken
1 TL Backpulver
½ TL Zimtpulver
Salz
400 ml Milch oder Pflanzendrink (z. B. Mandel- oder Haselnussdrink)
1 Ei (Größe L)

AUSSERDEM
1 kleine Auflaufform
(ca. 21 × 21 cm)

1 Den Backofen auf 190 °C Ober-/Unterhitze vorheizen. Die Auflaufform einfetten.

2 Die Himbeeren in einem Sieb antauen lassen. Die Banane schälen und in Scheiben schneiden. Die Mandeln und die Nüsse mit einem Messer grob hacken.

3 Haferflocken, Backpulver, Zimt und 1 Prise Salz mischen und gleichmäßig in der Auflaufform verteilen. Mit den Bananenscheiben und der Hälfte der Nussmischung belegen.

4 Die Milch oder den Pflanzendrink und das Ei verquirlen und über die Haferflockenmischung gießen. Alles gut mit einem Löffel vermengen. Mit den Beeren und der restlichen Nussmischung belegen. Im Ofen auf der mittleren Schiene 35 bis 40 Minuten backen. Lauwarm oder kalt servieren.

MEIN TIPP
Zum Oatmeal passt etwas Joghurt oder eine pflanzliche Alternative, z. B. Sojajoghurt mit Vanillegeschmack.

Veganer Orangen-Walnuss-Kuchen

FÜR 12 STÜCKE

ORANGENBELAG
150 g Kokosblütenzucker
2 Bio-Orangen

WALNUSS-RÜHRTEIG
150 g Walnusskerne
450 g Dinkelmehl (Type 630)
2 TL Backpulver
300 ml Orangensaft
200 ml Haferdrink
150 ml Walnussöl

AUSSERDEM
1 Springform (Ø 26 cm)

1 Den Backofen auf 180 °C Ober-/Unterhitze vorheizen. Den Boden der Springform mit Backpapier auslegen und mit 3 EL vom Kokosblütenzucker gleichmäßig bestreuen.

2 Die Orangen heiß waschen, trocken reiben und in dünne Scheiben schneiden. Nur die größten Scheiben verwenden und den Boden der Springform damit auslegen.

3 Für den Rührteig 100 g Walnusskerne in einem Blitzhacker fein mahlen. Die restlichen Walnüsse hacken. Dinkelmehl und Backpulver in eine Schüssel sieben und mit den Nüssen mischen.

4 In einer Schüssel Orangensaft, Haferdrink und Walnussöl verrühren. Nach und nach zu der Nuss-Mehl-Mischung gießen und gut verrühren. Den Teig vorsichtig in die Springform auf die Orangenscheiben geben und glatt streichen.

5 Den Kuchen im Ofen im unteren Drittel 45 bis 60 Minuten backen. Nach 45 Minuten die erste Stäbchenprobe machen, ob der Kuchen bereits fertig gebacken ist.

6 Den Kuchen auf einem Kuchengitter vollständig auskühlen lassen. Den Springformrand lösen und den Kuchen auf einen Teller oder eine Tortenplatte stürzen. Das Backpapier vorsichtig abziehen.

MEIN TIPP
Der Orangen-Walnuss-Kuchen schmeckt uns mit einem saftigen Klecks griechischem Joghurt besonders gut.

Avocado-Limetten-Cheesecake

FÜR 12 STÜCKE

BODEN
125 g Pekannusskerne
40 g Kokosraspel
70 g Kakaonibs
185 g Datteln ohne Stein
30 ml Kokosöl

FÜLLUNG
3 Avocados (ca. 500 g)
200 ml Limettensaft
(von 8–10 Limetten)
1 TL geriebene Bio-Limettenschale
190 g Agavendicksaft
175 ml Kokosöl

DEKO
2 Bio-Limetten
1–2 Stiele Minze

AUSSERDEM
1 Springform (Ø 20 cm)

1 Den Backofen auf 150 °C Umluft vorheizen. Die Springform am Boden und am Rand mit Backpapier auslegen.

2 Für den No-bake-Boden die Pekannüsse und die Kokosraspel auf einem mit Backpapier ausgelegten Backblech verteilen und im Ofen in etwa 8 Minuten goldgelb rösten.

3 Die Pekannüsse und Kokosraspel zusammen mit Kakaonibs, grob gehackten Datteln und zerlassenem Kokosöl in einem Blitzhacker zerkleinern. Die Masse kann gerne noch etwas stückig sein. Die Masse in die vorbereitete Springform geben und am Boden mit einem Löffelrücken andrücken. Den Boden kühl stellen.

4 Für die Füllung die Avocados halbieren und den Stein entfernen. Das Fruchtfleisch mit einem Esslöffel aus den Hälften heben, in Stücke schneiden und in einen hohen Rührbecher geben. Die restlichen Zutaten dazugeben und mit einem Stabmixer fein pürieren. Je nach Geschmack noch mit etwas Limettensaft oder Agavendicksaft abschmecken.

5 Die Creme auf dem Boden in der Springform verteilen, mit einem Teller abdecken und für mindestens 3 Stunden, am besten über Nacht, in den Kühlschrank stellen.

6 Zum Servieren mit einem Messer den Cheesecake vom Rand lösen. Für die Deko die Limetten heiß waschen, trocken reiben, längs halbieren und in dünne Scheiben schneiden. Dekorativ auf den Kuchen legen und mit Minzeblättchen verzieren.

Carrot Cake Bowl

FÜR 6 PORTIONEN

KAROTTEN-MUFFINS
1 Apfel
150 g Möhren
1 TL Zitronensaft
2 Eier (Größe M)
60 g Kokosblütenzucker
6 EL Rapsöl
125 g Weizen-Vollkornmehl
50 g zarte Haferflocken
2 TL Backpulver
1 TL Natron
Salz
50 g Buttermilch

FRISCHKÄSE-FROSTING
300 g Doppelrahm-Frischkäse
100 g Naturjoghurt (1,5 % Fett)
1 TL Vanilleextrakt
ca. 2 EL Ahornsirup

TOPPING
6–12 EL Nüsse (z. B. Walnüsse, Haselnüsse, Cashewkerne)
ca. 3 Äpfel
3–4 EL Zitronensaft

AUSSERDEM
1 Muffinblech mit 12 Mulden
12 Papierförmchen
1 Sternausstecher (ca. 2–3 cm groß)
6 Portionsgläser

1 Den Backofen auf 200 °C Ober-/Unterhitze vorheizen. Die Mulden des Muffinblechs mit den Förmchen auslegen.

2 Für die Muffins den Apfel schälen, vierteln und entkernen. Die Möhren putzen und schälen. Beides fein raspeln und mit dem Zitronensaft vermengen.

3 Die Eier mit dem Kokosblütenzucker schaumig rühren. Das Öl unterrühren. Mehl mit Haferflocken, Backpulver, Natron und 1 Prise Salz mischen. Diese Mischung abwechselnd mit der Buttermilch unterrühren. Die Apfel-Möhren-Raspel unterheben.

4 Den Teig in die Förmchen füllen und im Ofen auf der mittleren Schiene 25 bis 30 Minuten backen. Muffins auf einem Kuchengitter kurz abkühlen lassen, dann aus dem Muffinblech nehmen und vollständig auskühlen lassen.

5 Für das Frischkäse-Frosting den Frischkäse mit Joghurt und Vanilleextrakt verrühren und mit dem Ahornsirup abschmecken.

6 Für das Topping die Nüsse grob hacken. Die Äpfel waschen, vierteln, entkernen und in 3 mm dicke Scheiben schneiden. Mit dem Ausstecher aus den Scheiben Sterne ausstechen und mit etwas Zitronensaft beträufeln, damit sie nicht braun werden.

7 Zum Anrichten Gläser nehmen. Pro Portion zwei Muffins in mundgerechte Würfel schneiden. Abwechselnd das Frischkäse-Frosting und die gewürfelten Muffins in die Gläser schichten, mit dem Frosting abschließen. Mit Nüssen und Apfelsternen dekorieren.

MEIN TIPP
Statt in kleinen Schälchen kannst du die Carrot Cake Bowl auch in einer großen Glasschüssel anrichten. So kann sich jeder Gast so viel nehmen, wie er mag.

Banana Bread mit Kirschen

FÜR CA. 15 STÜCKE

BANANEN-KIRSCH-TEIG
100 g Butter
2 reife Bananen (ca. 240 g)
100 g Sauerkirschen
aus dem Glas
60 g Walnusskerne
60 g Pekannusskerne
2 Eier (Größe M)
120 g Rohrohrzucker
5 EL Sojadrink
2 TL Zimtpulver
1 TL Kardamompulver
Salz
200 g Weizenmehl
1½ TL Backpulver

TOPPING
1 Banane
1 EL gehackte Nüsse
nach Belieben

AUSSERDEM
1 Kastenform (ca. 25 cm lang)
Butter, Mehl und brauner
Rohrzucker für die Form

1 Den Backofen auf 170 °C Umluft vorheizen. Die Kastenform mit Butter einfetten und mit etwas Mehl sowie einer Schicht Rohrohrzucker ausstreuen.

2 Zum Herstellen von Nussbutter die Butter in einem Topf schmelzen und etwa 5 Minuten köcheln lassen, bis sie sich braun färbt und duftet. Die Nussbutter abkühlen lassen.

3 Die Bananen schälen. Eine Banane mit einer Gabel grob zerdrücken, die andere in Stücke schneiden. Die Kirschen in einem Sieb abtropfen lassen.

4 Die Walnüsse und die Pekannüsse sehr grob hacken und in einer Pfanne ohne Fett anrösten. Beiseitestellen.

5 In einer Rührschüssel Eier und Rohrohrzucker schaumig schlagen. Die Nussbutter dazugeben und weiterrühren. Die Bananen zusammen mit Sojadrink, Zimt, Kardamom und 2 Prisen Salz unter die Eimasse rühren. Die Kirschen und die gehackten Nüsse unterheben. Das Mehl und das Backpulver mischen, sieben und nach und nach unterrühren.

6 Den Teig in die vorbereitete Kastenform füllen. Die Banane schälen, längs halbieren und auf den Teig legen. Die Nüsse darüberstreuen. Banana Bread im Ofen auf der unteren Schiene etwa 60 Minuten backen, je nachdem, wie saftig das Banana Bread sein soll. Das Banana Bread auf ein Kuchengitter stellen und in der Form 15 Minuten abkühlen lassen. Dann aus der Form lösen und auf einem Kuchengitter auskühlen lassen. So bleibt der karamellisierte Rand schön knusprig.

Mini-Pancake-Spieße

FÜR CA. 30 STÜCK

MINI-PANCAKES
130 g Dinkelmehl (Type 630)
80 ml Mandeldrink
80 g Joghurtalternative
(z. B. Soja)
1 Ei (Größe M)
1 EL Rapsöl
1 TL Natron
½ TL Backpulver

ZUM SCHICHTEN
150 g Beeren
nach Geschmack
1–2 Bananen
Nussmus
(z. B. Haselnussmus
oder Erdnussmus)

AUSSERDEM
3 EL Rapsöl zum Braten
ca. 30 Fingerfood-Spieße
(ca. 12 cm)

1 Für die Mini-Pancakes in einer Schüssel Mehl, Mandeldrink, Joghurtalternative, Ei, Öl, Natron und Backpulver mit einem Schneebesen zu einem glatten Teig verrühren.

2 Etwas Rapsöl in einer Pfanne bei mittlerer Hitze erwärmen. Jeweils 1 TL Teig pro Pancake in die Pfanne geben und von beiden Seiten in 2 bis 3 Minuten ausbacken. Pancakes auf einem Teller auskühlen lassen.

3 Beeren putzen, waschen, trocken tupfen und eventuell klein schneiden. Bananen schälen und in Scheiben schneiden.

4 Jeweils drei bis vier Pancakes für einen Spieß verwenden. Manche mit Nussmus bestreichen, andere abwechselnd mit Banane oder Beeren aufspießen. Obenauf zur Deko eine Beere setzen.

Vegane Erdbeer-Cashew-Törtchen

FÜR 12 STÜCK

NO-BAKE-BÖDEN
125 g Cashewkerne
40 g Cornflakes
125 g Soft-Aprikosen
5 TL Kokosraspel und
Kokosraspel für die Arbeitsfläche

CREME UND BELAG
3 EL Zucker
1 Pck. Sahnesteif
200 g vegane Schlagcreme
250 g Erdbeeren
1–2 EL Kokosraspel

AUSSERDEM
1 Muffinblech mit 12 Mulden
Öl und Kokosraspel
für die Formen
1 runde Ausstechform
(Ø 8 cm)

1 Für die No-bake-Böden die Cashewkerne in einem Multizerkleinerer fein mahlen. Die Cornflakes im Zerkleinerer grob hacken. Die Aprikosen mit einem Messer fein würfeln. Cashewkerne, Cornflakes, Aprikosen und Kokosraspel in einer Schüssel mischen und portionsweise im Zerkleinerer zu einem Knetteig verarbeiten.

2 Den Teig zu einer Kugel formen und auf einer mit Kokosraspeln bestreuten Arbeitsfläche dünn ausrollen. Mit dem Ausstecher zwölf Kreise ausstechen. Die Teigreste dabei wieder zusammenkneten und erneut ausrollen.

3 Die Mulden des Muffinblechs einfetten und mit Kokosraspeln bestreuen. Die Teigkreise in die Mulden legen, andrücken und mindestens 30 Minuten kühl stellen.

4 In der Zwischenzeit für die Creme den Zucker mit dem Sahnesteif mischen. Schlagcreme steif schlagen, dabei das Zuckergemisch einrieseln lassen. Die Creme kühl stellen.

5 Die Erdbeeren waschen, putzen und in Scheiben schneiden. Kokosraspel in einer Pfanne ohne Fett anrösten und beiseitestellen.

6 Die Böden mithilfe eines Messers vorsichtig aus den Mulden lösen. Mit der Creme füllen, die Erdbeerscheiben fächerförmig darauflegen und mit den gerösteten Kokosraspeln bestreuen.

Tassen-Quarkauflauf

FÜR 4 STÜCK

2 Eier (Größe M)
40 g Kokosblütenzucker
½ TL Vanilleextrakt
250 g Magerquark
60 g Schmand
40 g Dinkelgrieß
1 Bio-Zitrone
Salz
140 g Schattenmorellen aus dem Glas

AUSSERDEM
4 ofenfeste Tassen
4 TL Kokosblütenzucker zum Bestreuen

1 Den Backofen auf 180 °C Ober-/Unterhitze vorheizen. Die hitzebeständigen Tassen mit etwas Butter einfetten.

2 Die Eier trennen. Die Eigelbe mit 20 g Kokosblütenzucker und Vanilleextrakt cremig aufschlagen. Magerquark, Schmand und Grieß unterrühren.

3 Die Zitrone heiß waschen, trocken abreiben und 1 TL Schale abreiben. 1 EL Saft auspressen. Beides unter die Masse rühren.

4 Die Eiweiße mit 1 Prise Salz steif schlagen. Den restlichen Kokosblütenzucker einrieseln lassen und 2 Minuten weiterschlagen. Den Eischnee unter die Quarkmasse heben.

5 Die Hälfte der Quarkmasse auf die Tassen verteilen. Die Schattenmorellen in einem Sieb abtropfen lassen und in die Tassen geben. Die restliche Masse darauf verteilen und jeweils mit 1 TL Kokosblütenzucker bestreuen. Die Tassen-Quarkaufläufe im Ofen auf der mittleren Schiene etwa 25 Minuten backen. Sofort servieren.

MEIN TIPP
Du willst Zucker sparen? Dann ersetze den Kokosblütenzucker durch Xylit, Erythrit oder Stevia. Auch Agavendicksaft oder Apfeldicksaft sind gesündere Alternativen zu Haushaltszucker.

Himbeer-Buttermilch-Scones

FÜR 8 STÜCK

180 g Dinkelmehl (Type 630)
125 g zarte Haferflocken
1 EL Backpulver
½ TL Salz
½ TL Vanilleextrakt
30 g Rohrohrzucker
110 g gefrorene Butter
1 Ei (Größe L)
80 g Buttermilch
1 TL Apfelessig
150 g Himbeeren

1 Den Backofen auf 230 °C Ober-/Unterhitze vorheizen. Ein Backblech mit Backpapier auslegen.

2 In einer großen Schüssel das Mehl mit Haferflocken, Backpulver, Salz, Vanille und Zucker mischen. Die gefrorene Butter reiben, zu der Mehlmischung geben und alles mit den Fingern zügig zu Streuseln verarbeiten. Die Butter sollte noch kalt bleiben.

3 In einer weiteren Schüssel das Ei mit Buttermilch und Apfelessig verrühren, zu der Mehl-Butter-Mischung geben und alles zu einem Teig vermengen, ohne ihn zu lange zu bearbeiten. Die Himbeeren verlesen, waschen, trocken tupfen und unter den noch klebrigen Teig mischen.

4 Den Teig auf eine mit Mehl bestäubte Arbeitsfläche geben und mit bemehlten Händen zu einem Rechteck formen. Die Teigplatte in acht Stücke, gerne in Dreiecke, teilen. Die Stücke auf das Backblech legen und im Ofen auf der mittleren Schiene in 12 bis 14 Minuten goldbraun backen. Die Scones auf einem Kuchenrost auskühlen lassen.

REZEPTREGISTER

A
Apfel-Buttermilch-Waffeln mit Haferflocken 154
Apfel-Galettes mit Mandelcreme 134
Apfel-Hafer-Cookie XL 60
Asiatische Sticky-Rice-Tarte 104
Avocado-Limetten-Cheesecake 164
Äpfel
Apfel-Hafer-Cookie XL 60
Zimt-Tannenbaum-Lollies 130
Apfel-Galettes mit Mandelcreme 134
Apfel-Buttermilch-Waffeln mit Haferflocken 154
Carrot Cake Bowl 166

B
Baked Oatmeal mit Himbeeren 160
Baklava-Strudel 64
Banana Bread mit Kirschen 168
Banana-Stracciatella-Torte 62
Brownie-Happen, fruchtig 140
Bunte Himbeer-Kokos-Biskuitrolle mit Joghurt 56
Baiser
Johannisbeer-Buttermilch-Torte mit Mandelbaiser 76
Heart Cake 90
Himbeer-Baiser-Kuppel 102
Bananen
Banana-Stracciatella-Torte 62
Monkeybread mit Bananefüllung 120
Banana Bread mit Kirschen 168
Mini-Pancake-Spieße 170
Beeren
Schoko-Erdbeeren 29
Pinke Cookie-Brombeer-Tarte 36
Johannisbeer-Buttermilch-Torte mit Mandelbaiser 76
Cassis-Nuss-Traum 82
Pinata-Kuchen 84
Puppentorte „Prinzessin" 86
Heart Cake 90
Ombré-Torte mit bunten Erdbeeren 94
Sarahs Geburtstagstorte 106
Süße Tacos mit bunter Füllung 114
Mini Red Velvet Cakes 132
Erdbeer-Blätterteig-Rosen 142
Granola-Tartelettes mit Beerenquark, 148
Heidelbeer-Chiatorte 150
Baked Oatmeal mit Himbeeren 160
Mini-Pancake-Spieße 170
Biskuit
Hugo-Erdbeer-Kuppeltorte 44
Naked Cake „Schwarzwälder Art" 50
Bunte Himbeer-Kokos-Biskuitrolle mit Joghurt 56
Festliche Hasentorte 70
Pfirsich-Sommertorte mit Eiswaffel 78
Cassis-Nuss-Traum 82
Pinata-Kuchen 84
Ombré-Torte mit bunten Erdbeeren 94
Zitronen Fault Line Cake 98
Blätterteig
Zimt-Tannenbaum-Lollies 130
Erdbeer-Blätterteig-Rosen 142

C
Caramel Cheesecake, salted 38
Carrot Cake Bowl 166
Carrot-Cake-Pops 116
Cashew-Cheesecake, „No Bake" 152
Cassis-Nuss-Traum 82
Chocolate Mocha Cake, white 92
Chocolate Macadamia Cookies, white 124
Cookie Bars mit Dattelfüllung 158
Crêpes-Torte mit Lemon-Curd 74
Cashewkerne
Baklava-Strudel 64
„No Bake" Cashew-Cheesecake 152
Carrot Cake Bowl 166
Vegane Erdbeer-Cashew-Törtchen 172

D
Datteln
Carrot-Cake-Pops 116
Monkeybread mit Bananenfüllung 120
Cookie Bars mit Dattelfüllung 158

E
Erdbeer-Blätterteig-Rosen 142
Erdbeer-Cashew-Törtchen, vegan 172
Exotische Mürbeteigecken 144

F
Festliche Hasentorte 70
Fruchtige Brownie-Happen 140
Fruchtiger Gugelhupf
mit Pistazien-Cheesecake-Swirl 52
Fruchtpunsch-Poke-Cake 96
Frischkäse
Pinke Cookie-Brombeer-Tarte 36
Salted Caramel Cheesecake 38
Hugo-Erdbeer-Kuppeltorte 44
Fruchtiger Gugelhupf mit Pistazien-Cheesecake-Swirl 52
Pfirsich-Sommertorte mit Eiswaffel 78
Cassis-Nuss-Traum 82
Puppentorte „Prinzessin" 86
Heart Cake 90
Ombré-Rote mit bunten Erdbeeren 94
Zitronen Fault Line Cake 98
Himbeer-Baiser-Kuppel 102
Sarahs Geburtstagstorte 106
Süße Tacos mit bunter Füllung 114
Kokos-Cakesicles 128
Mini Red Velvet Cakes 132
Mini-Cheesecakes mit Frucht-Swirl 138
Fruchtige Brownie-Happen 140
Carrot Cake Bowl 166

G
Geburtstagstorte, Sarah 106
Granola-Tartelettes mit Beerenquark 148
Gugelhupf mit Pistazien-Cheesecake-Swirl, fruchtig 52

H
Hasentorte, festlich 70
Heart Cake 90
Heidelbeer-Chiatorte 150
Himbeer-Baiser-Kuppel 102
Himbeer-Buttermilch-Scones 176
Himbeer-Kokos-Biskuitrolle mit Joghurt, bunt 56
Hugo-Erdbeer-Kuppeltorte 44
Haferflocken
Apfel-Hafer-Cookie XL 60
Carrot-Cake-Pops 116
Granola-Tartelettes mit Beerenquark 148
Apfel-Buttermilch-Waffeln mit Haferflocken 154
Cookie Bars mit Dattelfüllung 158
Cakes Oatmeal mit Himbeeren 160
Carrot Cake Bowl 166
Himbeer-Buttermilch-Scones 176
Haselnüsse
Cassis-Nuss-Traum 82
Apfel-Buttermilch-Waffeln mit Haferflocken 154
Hefeteig
Monkeybrad mit Bananenfüllung 120
Saftige Rhabarber-Schnecken 122

J
Johannisbeer-Buttermilch-Torte mit Mandelbaiser 76
Joghurt
Fruchtiger Gugelhupf mit Pistazien-Cheesecake-Swirl 52
Zitronenkuchen mit Herz-Überraschung 54
Bunte Himbeer-Kokos-Biskuitrolle mit Joghurt 56
Mini-Cheesecakes mit Frucht-Swirl 138
Granola-Tartelettes mit Beerenquark 148
Carrot Cakes Bowl 166

K
Käsekuchen am Stiel 118
Kirsch-Quark-Schnitten mit Mohn 40
Kokos-Cakesicles 128
Kirschen
Kirsch-Quark-Schnitten mit Mohn 40
Naked Cake „Schwarzwälder Art" 50
Banana Bread mit Kirschen 168

REZEPTREGISTER

Kokosmilch
Milchreis-Torte „Pina Colada" 68
Fruchtpunsch Poke Cake 96
Asiatische Sticky-Rice-Tarte 104
„No-bake" Cashew-Cheesecake 152

Kokosraspel
Milchreis-Torte „Pina Colada" 68
Fruchtpunsch Poke Cake 96
Asiatische Sticky-Rice-Tarte 104
Kokos-Cakesicles 128
Avocado-Limetten-Cheesecake 164
Vegane Erdbeer-Cashew-Törtchen 172

Kuvertüre
Pinke Cookie-Brombeer-Tarte 36
Fruchtiger Gugelhupf mit Pistazien-Cheesecake-Swirl 52
„No Bake" Mango-Cheesecake-Charlotte 58
Festliche Hasentorte 70
Puppentorte „Prinzessin" 86
White Chocolate Mocha Cake 92
Carrot-Cake-Pops 116
Käsekuchen am Stiel 118
White Chocolate Macadamia Cookies 124
Kokos-Cakesicles 128
Schoko-Erdbeeren 29

L

»Low Carb«-Zitronenkuchen 156

M

Mango-Cheesecakes-Charlotte, „No Bake" 58
Meringue-Cones 136
Milchreis-Torte „Pina Colada" 68
Mini-Amerikaner mit Chai-Glasur 126
Mini-Cheesecakes mit Frucht-Swirl 138
Mini-Pancake-Spieße 170
Mini Red Velvet Cakes 132
Monkeybread mit Bananenfüllung 120
Mürbeteigecken, exotisch 144

Mandeln
Fruchtiger Gugelhupf mit Pistazien-Cheesecake-Swirl 52
Banana-Stracciatella-Torte 62
Baklava-Strudel 64
Johannisbeer-Buttermilch-Torte mit Mandelbaiser 76
Cassis-Nuss-Traum 82
Himbeer-Baiser-Kuppel 102
Asiatische Sticky-Rice-Tarte 104
Carrot-Cake-Pops 116
Apfel-Galettes mit Mandelcreme 134
Meringue-Cones 136
Granola-Tartelettes mit Beerenquark 148
„No Bake" Cashew-Cheesecake 152
Cookie Bars mit Mandelfüllung 158
Baked Oatmeal mit Himbeeren 160

Mascarpone
Pinke Cookie-Brombeer-Tarte 36
Naked Cake „Schwarzwälder Art" 50
Fruchtiger Gugelhupf mit Pistazien-Cheesecake-Swirl 52
Pfirsich-Sommertorte mit Eiswaffel 78
Heart Cake 90
White Chocolate Mocha Cake 92
Tiramisu-Waffel-Torte 110
Mini Red Velvet Cakes 132

N

Naked Cake „Schwarzwälder Art" 50
„No Bake" Cashew-Cheesecake 152
„No Bake" Mango-Cheesecake-Charlotte 58

Nüsse
Baklava-Strudel 64
„No Bake" Cashew-Cheesecake 152
Baked Oatmeal mit Himbeeren 160
Carrot Cake Bowl 166
Banana Bread mit Kirschen 168

O

Oatmeal mit Himbeeren, baked 160
Ombré-Torte mit bunten Erdbeeren 94
Orangen-Walnuss-Kuchen, vegan 162

Orangen
Pumpkin-Zebra Cake 42
Mini-Amerikaner mit Chai-Glasur 126

P
Panna-Cotta-Tarte mit Maracuja-Spiegel 48
Pfirsich-Sommertorte mit Eiswaffel 78
Pinata-Kuchen 84
Pinke Cookie-Brombeer-Tarte 36
Poke-Cake, Fruchtpunsch 96
Pumpkin-Zebra Cake 42
Puppentorte „Prinzessin" 86
Pistazien
Fruchtiger Gugelhupf mit Pistazien-Cheesecake-Swirl 52
Himbeer-Baiser-Kuppel 102
Mini-Amerikaner mit Chai-Glasur 126

R
Rhabarber-Schnecken, saftig 122

S
Saftige Rhabarber-Schnecken 122
Salted Caramel Cheesecake 38
Sarahs Geburtstagstorte 106
Sticky-Rice-Tarte, asiatisch 104
Süße Tacos mit bunter Füllung 114
Schmand
Festliche Hasentorte 70
Johannisbeer-Buttermilch-Torte mit Mandelbaiser 76
Tassen-Quarkauflauf 174
Schokolade
Festliche Hasentorte 70
Asiatische Sticky-Rice-Tarte 104
White Chocoate Macadamia Cookies 124
Kokos-Cakesicles 128
Fruchtige Brownie-Happen 140
Cookie Bars mit Dattelfüllung 158

T
Tacos mit bunter Füllung, süß 114
Tassen-Quarkauflauf 174
Tiramisu-Waffel-Torte 110

V
Vegane Erdbeer-Cashew-Törtchen 172
Veganer Orangen-Walnuss-Kuchen 162

Vanille
Salted Caramel Cheesecake 38
Bunte Himbeer-Kokos-Biskuitrolle mit Joghurt 56
Festliche Hasentorte 70
White Chocolate Mocha Cake 92
White Chocolate Macadamia Cookies 124
Mini-Red Velvet Cakes 132
Mini-Cheesecakes mit Frucht-Swirl 138
Granola-Tartelettes mit Beerenquark 148
„No Bake" Cahew-Cheesecake 152
Cookie Bars mit Dattelfüllung 158
Himbeer-Buttermilch-Scones 176

W
White Chocolate Macadamia Cookies 124
White Chocolate Mocha Cake 92
Walnüsse
Baklava-Strudel 64
Carrot-Cake-Pops 116
Baked Oatmeal mit Himbeeren 160
Veganer Orangen-Walnuss-Kuchen 162
Carrot Cake Bowl 166
Banana Bread mit Kirschen 168

Z
Zimt-Tannenbaum-Lollies 130
Zitronen Fault Line Cake 98
Zitronenkuchen, „Low Carb" 156
Zitronenkuchen mit Herz-Überraschung 54
Zimt
Baklava-Strudel 64
Monkeybrad mit Bananenfüllung 120
Zimt-Tannenbaum-Lollies 130
Apfel-Buttermilch-Waffeln mit Haferflocken 154
Baked Oatmeal mit Himbeern 160
Banana Bread mit Kirschen 168
Zitronen
Crêpes-Torte mit Lemon-Curd 74
Zitronen Fault Line Cake 98
Saftige Rhabarber-Schnecken 122
„No Bake" Cashew-Cheesecake 152

ZUR AUTORIN

Sarah Harrison ist Unternehmerin und TV-Persönlichkeit und gehört zu den Top-Influencern Deutschlands. Authentisch und ehrlich lässt sie ihre Community an ihrem Leben teilhaben. Sie steht für einen gesunden Lifestyle, Fitness und ein harmonisches und aufregendes Familienleben. Im Frühjahr 2022 konnten ihre über 3 Millionen Follower hautnah miterleben, wie Sarah in der TV-Sendung „Das große Promibacken" nicht nur ihre Leidenschaft für das Backen entdeckt, sondern mit viel Fleiß auch den Sieg errungen hat.

◎ sarah.harrison.official
▶ Team Harrison

Weitere Bücher der Autorin:
➔ #Familygoals

IMPRESSUM

Hinter jedem tollen Buch steckt ein starkes Team
Projektleitung: *Michaela Szwarc, Stephan Strauß*
Texte: *Sarah Harrison, Melanie Eberlein*
Rezepte: *Sarah Harrison, Melanie Eberlein*
Lektorat: *Regina Rautenberg*
Korrektorat: *Martina Kittler, Franziska Sorgenfrei*
Titelgestaltung, Layout, Satz: *Maria Dolecek*
Coverfoto: *Tsvetelina Kehayova (andere siehe Bildnachweis)*
Rezeptfotografie: *Westermann + Buroh Studios, Nikolai Buroh*
Requisite: *Anja Buroh*
Foodstyling: *Lea Buroh, Hermann Rottmann, Laura Beil*
Herstellung: *Frank Jansen*
Producing: *Jan Russok*
Druck & Bindung: *optimal media GmbH, Röbel*

Alle Rechte vorbehalten. All rights reserved.
Das Werk darf — auch teilweise — nur mit Genehmigung des Verlags wiedergegeben werden.

1. Auflage 2022
© 2022 Edel Verlagsgruppe GmbH
Kaiserstraße 14 b
D-80801 München
ISBN: 978-3-96584-158-1

BILDNACHWEIS

Tsvetelina Kehayova: Coverfoto, Umschlag hinten (links, 2. v. o., rechts, 1. v. o.), S. 4, S. 7, S. 16, S. 17, S. 18, S. 19, S. 23, S. 24, S. 25, S. 27, S. 34, S. 66, S. 112, S. 129, S. 133, S. 146
Westermann + Buroh Studios, Nikolai Buroh: Rezeptfotografie Umschlag hinten, S. 28, S. 33, S. 37, S. 39, S. 41, S. 43, S. 45 & 47, S. 49, S. 51, S. 53, S. 55, S. 57, S. 59, S. 63, S. 65, S. 69, S. 71 & 72, S. 75, S. 77, S. 79 & 81, S. 83, S. 85, S. 87 & 89, S. 91, S. 93, S. 95, S. 97, S. 103, S. 105, S. 107 & 109, S. 111, S. 115, S. 117, S. 119, S. 123, S. 127, S. 131, S. 135, S. 137, S. 141, S. 145, S. 149, S. 151, S. 153, S. 159, S. 163, S. 165, S. 167, S. 173
Valeriia Mokra: S. 61, S. 121, S. 125, S. 139, S. 143, S. 155, S. 157, S. 161, S. 169, S. 171, S. 175, S. 177; **Sivi Backman**: S. 2, S. 99, S. 101

LIEBE LESER, LIEBE LESERINNEN

wie schön, dass Sie ein Buch von ZS in den Händen halten. „jetzt leben!" ist das Motto unseres Verlages. Es steht für Genuss und Inspiration, Unterstützung und Motivation. Ob Kulinarik oder Fitness, Gesundheit oder Lebenshilfe — seit über 30 Jahren bieten wir kompetente Ratgeber für (fast) alle Lebenslagen. Wir lieben Tradition genauso wie Innovation — sie treiben uns an. Unsere Autorinnen und Autoren sind Menschen, die zu ihrem Thema wirklich etwas zu sagen und zu schreiben haben. Unsere Produkte sind erzählerisch, appetitmachend und als gedruckte Bücher haptisch echte Erlebnisse. Für Sie mit ganz viel Liebe gemacht! Entdecken Sie mehr aus unserer wunderbaren Welt!

UNSER VERLAGSHAUS

Mit Standorten in München, Hamburg und Berlin zählt die Edel Verlagsgruppe zu den größten unabhängigen Buchanbietern Deutschlands. Zur Edel Verlagsgruppe gehört unter anderem ZS mit seinen Lizenzmarken Dr. Oetker Verlag, Kochen & Genießen und Phaidon by ZS.

ZS - Ein Verlag der Edel Verlagsgruppe
www.zsverlag.de
www.facebook.com/zsverlag
www.instagram.com/zsverlag

FÜR DIE UMWELT

ZS unterstützt bei der Produktion dieses Buches das Projekt „Junge Riesen für die nächsten 100 Jahre" im Naturpark Nossentiner/Schwinzer Heide. Damit wird ein Anteil der unvermeidbaren CO_2-Emissionen im direkten Umfeld des Produktionsstandortes kompensiert.

NEWSLETTER

Was koche ich heute Feines? Und wie geht das — schmackhaft und gesund?

Melden Sie sich jetzt zum ZS-Genuss-Service an und verpassen Sie keine kulinarischen und gesundheitlichen Trends mehr.
Wir informieren Sie regelmäßig über unsere Neuerscheinungen, Aktionen oder Gewinnspiele und verraten Ihnen unsere Lieblingsrezepte!

 Unter allen Neuabonnierenden verlosen wir jeden Monat eine *ZS-Genuss-Box* im Wert von 75,00 €.

Jetzt anmelden unter:
www.zsverlag.de/newsletter

oder den QR Code scannen:

Ein Must-have für jede happy family!

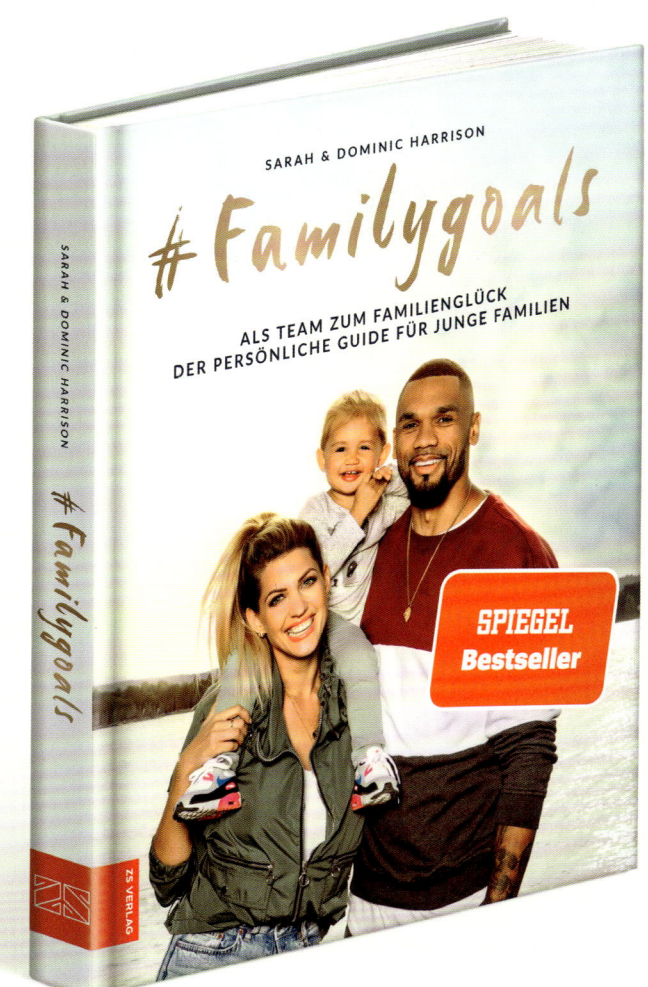

**Sarah und Dominic Harrison
#Familygoals**

24,99 € [D]
ISBN 978-3-96584-010-2

Als Team zum Familienglück.

Jetzt auf betterbooks.de
und überall,
wo es gute Bücher gibt.